essentials

Essentials liefern aktuelles Wissen in konzentrierter Form. Die Essenz dessen, worauf es als „State-of-the-Art" in der gegenwärtigen Fachdiskussion oder in der Praxis ankommt. *Essentials* informieren schnell, unkompliziert und verständlich

- als Einführung in ein aktuelles Thema aus Ihrem Fachgebiet
- als Einstieg in ein für Sie noch unbekanntes Themenfeld
- als Einblick, um zum Thema mitreden zu können

Die Bücher in elektronischer und gedruckter Form bringen das Fachwissen von Springerautor*innen kompakt zur Darstellung. Sie sind besonders für die Nutzung als eBook auf Tablet-PCs, eBook-Readern und Smartphones geeignet. *Essentials* sind Wissensbausteine aus den Wirtschafts-, Sozial- und Geisteswissenschaften, aus Technik und Naturwissenschaften sowie aus Medizin, Psychologie und Gesundheitsberufen. Von renommierten Autor*innen aller Springer-Verlagsmarken.

Immo Schuler

Kartellrecht

Grundlagen des deutschen und
europäischen Kartellrechts

Springer Gabler

Immo Schuler
trustberg Partnerschaft von
Rechtsanwält:innen Hahn Engelhardt
mbB
München, Bayern, Deutschland

ISSN 2197-6708   ISSN 2197-6716 (electronic)
essentials
ISBN 978-3-658-44745-8   ISBN 978-3-658-44746-5 (eBook)
https://doi.org/10.1007/978-3-658-44746-5

Die Deutsche Nationalbibliothek verzeichnet diese Publikation in der Deutschen Nationalbibliografie; detaillierte bibliografische Daten sind im Internet über https://portal.dnb.de abrufbar.

Planung/Lektorat: Vivien Bender
Springer Gabler ist ein Imprint der eingetragenen Gesellschaft Springer Fachmedien Wiesbaden GmbH und ist ein Teil von Springer Nature.
Die Anschrift der Gesellschaft ist: Abraham-Lincoln-Str. 46, 65189 Wiesbaden, Germany

Das Papier dieses Produkts ist recycelbar.

Was Sie in diesem *essential* finden können

- Eine Darstellung der rechtlichen Grenzen des deutschen und europäischen Kartellverbots und des Marktmachtmissbrauchsverbots.
- Einen Überblick über die deutschen Regelungen zur Kontrolle missbräuchlichen Verhaltens von Unternehmen mit überragender marktübergreifender Bedeutung bzw. relativer oder überlegener Marktmacht.
- Eine Erläuterung der deutschen und europäischen Fusionskontrolle von der Prüfung der Anmeldepflichten bis zur Freigabe der Transaktion.
- Eine Einführung in die FDI-Kontrolle und die Vorgaben der „Foreign-Subsidies-Regulation".
- Eine kurze Einführung in Grundlagen kartellrechtlicher Schadensersatzklagen.

Vorwort

Kartellrecht ist ein Eckpfeiler einer fairen Marktwirtschaft. Es stellt sicher, dass Unternehmen in einem Umfeld des gesunden Wettbewerbs agieren können.

Die Einhaltung der kartellrechtlichen Vorgaben ist für Unternehmen dabei aus verschiedenen Gründen von besonderer Bedeutung. Kartellrechtsverstöße können zu erheblichen finanziellen Folgen führen durch mögliche Bußgelder seitens der Wettbewerbsbehörden und durch mögliche Schadensersatzforderungen seitens der Kartellgeschädigten. Darüber hinaus kann das Nichteinhalten der kartellrechtlichen Vorgaben zu einem Vertrauensverlust bei Kunden, Lieferanten und möglichen Investoren führen und langfristige, nicht unmittelbar messbare, Folgen haben.

Unternehmer und Entscheider sollten daher eine Vorstellung davon haben, in welchen Bereichen des geschäftlichen Handelns Kartellrecht eine Rolle spielt, um so frühzeitig kartellrechtliche Risiken minimieren zu können.

Hierzu bietet dieses *essential* einen Überblick über die grundlegenden kartellrechtlichen Vorgaben in Deutschland und der Europäischen Union und vermittelt die notwendigen Basiskenntnisse, um kartellrechtliche Themen frühzeitig zu erkennen und das geschäftliche Handeln entsprechend auszurichten.

München
im August 2023

Immo Schuler
LL.M. (Univ. of North Carolina)

Einleitung

Wann wird Kartellrecht relevant und ist Kartellrecht nur für „große" Unternehmen oder auch für „kleine" Unternehmen von Bedeutung? Wie können Kartellrechtsverstöße vermieden werden und wie können kartellrechtliche Schadensersatzansprüche geltend gemachten werden? Wie lassen sich fusionskontrollrechtliche Anmeldeerfordernisse erkennen und welche Schritte sind im Rahmen der kartellrechtlichen Fusionskontrolle zu beachten?

Dieses *essential* gibt einen kompakten Überblick über die wesentlichen Fragen rund um das Thema Kartellrecht. Dabei werden zunächst die drei Säulen des Kartellrechts erläutert. Die erste Säule des Kartellrechts, das Kartellverbot, verbietet wettbewerbsbeschränkende Absprachen zwischen Unternehmen, wie z. B. die Absprache von Preisen oder das Aufteilen von Kunden und Märkten. Das Missbrauchsverbot, die zweite Säule des Kartellrechts, verbietet es Unternehmen, die eine marktbeherrschende Stellung innehaben, diese in missbräuchlicher Art auszunutzen, z. B. durch eine unangemessene Preissetzung oder durch die Verweigerung des Zugangs zu bestimmten Ressourcen. Die Fusionskontrolle als dritte Säule des Kartellrechts betrifft die Kontrolle von Zusammenschlüssen von Unternehmen und soll sicherstellen, dass der Wettbewerb durch den Zusammenschluss nicht erheblich behindert wird, z. B. durch die Entstehung einer marktbeherrschenden Stellung.

Anschließend geht dieses *essential* kurz und prägnant auf die immer wichtiger werdenden deutschen Vorgaben zur Kontrolle ausländischer Direktinvestitionen (FDI-Kontrolle) sowie die Vorgaben der europäischen „Foreign-Subsidies-Regulation" ein.

Abgerundet wird dieses *essential* durch einen Überblick über die Grundzüge kartellrechtlicher Schadensersatzansprüche, die ebenfalls einen immer wichtiger werdenden Aspekt im Bereich des Kartellrechts darstellen.

Dieses *essential* richtet sich an Unternehmer und Entscheider, die mit dem Bereich des Kartellrechts in Berührung kommen. Zudem dient es Studierenden zur Erlangung des im Kartellrecht erforderlichen Basiswissens.

Über Fragen oder Anregungen zu diesem Buch und zum Kartellrecht im Allgemeinen freut sich der Autor Immo Schuler, LL.M. (Univ. of North Carolina) (Rechtsanwalt für Kartellrecht) jederzeit unter immo.schuler@trustberg.com.

Inhaltsverzeichnis

Das Kartellrecht

Zusammen mit dem Lauterkeitsrecht bildet das Kartellrecht im deutschen Recht das Wettbewerbsrecht im weiteren Sinne. Geregelt ist das Kartellrecht in Deutschland im Gesetz gegen Wettbewerbsbeschränkungen (GWB), das am 1.1.1958 in Kraft trat. Seitdem wurde das GWB mehrmals überarbeitet, zuletzt durch die 11. GWB-Novelle, die am 7.11.2023 in Kraft trat.

Im Gegensatz zum Lauterkeitsrecht, bei dem der Schutz des Wettbewerbs vor unlauteren („unfairen") Geschäftspraktiken im Vordergrund steht, dient das Kartellrecht dem Schutz des Wettbewerbs als Institution. Der Schutz des Wettbewerbs dient dabei mittelbar auch dem Individualschutz der Marktteilnehmer und letztlich dem Schutz der Endverbraucher.

Auf europäischer Ebene finden sich die zentralen Vorschriften des Kartellrechts in Art. 101 AEUV (Kartellverbot), Art. 102 AEUV (Missbrauchskontrolle), der EU-Kartellverfahrensverordnung[1] (VO Nr. 1/2003), der Fusionskontrollverordnung[2] (FKVO) sowie in mehreren sog. Gruppenfreistellungsverordnungen.

Deutsches und europäisches Kartellrecht[3] sind sich dabei häufig relativ ähnlich. In vielen Bereichen wurde das deutsche Kartellrecht an die europäischen

---

[1] Verordnung (EG) Nr. 1/2003 des Rates vom 16. Dezember 2002 zur Durchführung der in den Artikeln 81 und 82 des Vertrags niedergelegten Wettbewerbsregeln.

[2] Verordnung (EG) Nr. 139/2004 des Rates vom 20. Januar 2004 über die Kontrolle von Unternehmenszusammenschlüssen („EG-Fusionskontrollverordnung").

[3] Auf kartellrechtliche Regelungen in anderen Jurisdiktionen wird im Rahmen dieses Buches nicht eingegangen.

© Der/die Autor(en), exklusiv lizenziert an Springer Fachmedien Wiesbaden GmbH, ein Teil von Springer Nature 2024
I. Schuler, *Kartellrecht*, essentials, https://doi.org/10.1007/978-3-658-44746-5_1

Regelungen angepasst, um eine unterschiedliche rechtliche Bewertung vergleich-
barer Sachverhalte – einzig davon abhängig, ob deutsches oder europäisches
Kartellrecht Anwendung findet (siehe hierzu unten, Ziff. 4.1.1) – zu vermeiden.

Das Verhältnis von deutschem und europäischem Kartellrecht

Für die internationale Anwendbarkeit des Kartellrechts gilt in Deutschland (und der EU) das Auswirkungsprinzip. Danach findet deutsches Kartellrecht Anwendung, wenn sich eine kartellrechtsrelevante Maßnahme in Deutschland auswirkt. Dies führt dazu, dass sowohl deutsches als auch europäisches Kartellrecht Anwendung finden kann, wenn sich die Maßnahme in beiden Rechtsordnungen auswirkt.

Für diese Fälle ist das Verhältnis von deutschem und europäischem Kartellrecht in Art. 3 VO Nr. 1/2003 geregelt. Art. 3 VO Nr. 1/2003 besagt zunächst, dass die Wettbewerbsbehörden der jeweiligen Mitgliedstaaten (in Deutschland das Bundeskartellamt) neben den nationalen Vorschriften auch die europäischen Vorschriften anwenden müssen, soweit diese anwendbar sind. Zudem begründet Art. 3 VO 1/2003 einen grundsätzlichen Vorrang des europäischen Kartellrechts. Fällt z. B. eine kartellrechtsrelevante Maßnahme in den Anwendungsbereich des europäischen Kartellverbots (Art. 101 AEUV), so setzt sich diese Vorschrift im Ergebnis gegenüber dem deutschen Kartellrecht durch, d. h. das deutsche Kartellrecht darf nicht zu einem abweichenden Ergebnis führen.

Im Bereich der Missbrauchsvorschriften (Art. 102 AEUV, §§ 19 ff. GWB) ist der Vorrang des europäischen Kartellrechts begrenzter. Zwar darf das deutsche Kartellrecht nicht dazu führen, dass eine nach Art. 102 AEUV verbotene Verhaltensweise zulässig ist, möglich ist jedoch, dass eine nach Art. 102 AEUV zulässige Verhaltensweise nach deutschem Kartellrecht verboten ist.

Das Kartellverbot 3

Die erste Säule des Kartellrechts

3.1 Das Kartellverbot – rechtlicher Rahmen und Reichweite

Das Kartellverbot bezeichnet, vereinfacht gesagt, das Verbot wettbewerbsbeschränkender Vereinbarungen zwischen Unternehmen.

3.1.1 Rechtlicher Rahmen

Gesetzlich geregelt ist das Kartellverbot in § 1 GWB bzw. Art. 101 Abs. 1 AEUV. § 1 GWB lautet wie folgt:

> „Vereinbarungen zwischen Unternehmen, Beschlüsse von Unternehmensvereinigungen und aufeinander abgestimmte Verhaltensweisen, die eine Verhinderung, Einschränkung oder Verfälschung des Wettbewerbs bezwecken oder bewirken, sind verboten."

Art. 101 Abs. 1 AEUV, der eine sehr ähnliche Regelung enthält, lautet wie folgt:

> „Mit dem Binnenmarkt unvereinbar und verboten sind alle Vereinbarungen zwischen Unternehmen, Beschlüsse von Unternehmensvereinigungen und aufeinander abgestimmte Verhaltensweisen, welche den Handel zwischen Mitgliedstaaten zu beeinträchtigen geeignet sind und eine Verhinderung, Einschränkung oder Verfälschung des Wettbewerbs innerhalb des Binnenmarkts bezwecken oder bewirken [...]".

© Der/die Autor(en), exklusiv lizenziert an Springer Fachmedien Wiesbaden GmbH, ein Teil von Springer Nature 2024
I. Schuler, *Kartellrecht*, essentials, https://doi.org/10.1007/978-3-658-44746-5_3

Wesentlicher Unterschied zwischen den Regelungen in § 1 GWB und Art. 101 Abs. 1 AEUV ist die in Art. 101 Abs. 1 AEUV enthaltene „Zwischenstaat-lichkeitsklausel", die den Anwendungsbereich des europäischen Kartellrechts eröffnet. Danach finden die europäischen Vorschriften Anwendung, wenn die zu bewertende Verhaltensweise geeignet ist *„den Handel zwischen Mitgliedstaaten zu beeinträchtigen"*. Dies ist der Fall, wenn die Verhaltensweise den Waren- oder Dienstleistungsverkehr zwischen Mitgliedstaaten beeinflussen kann.

Abgesehen von der Zwischenstaatlichkeitsklausel ist die Ähnlichkeit der Vor-schriften jedoch gewollt, um einen Gleichlauf des deutschen und europäischen Kartellrechts zu erreichen. Eine unterschiedliche Bewertung des Sachverhalts – einzig davon abhängig, ob die Voraussetzungen der Zwischenstaatlichkeitsklausel erfüllt sind oder nicht – soll vermieden werden.

3.1.2   Horizontale und vertikale Vereinbarungen

§ 1 GWB und Art. 101 AEUV unterscheiden grundsätzlich nicht zwischen sog. horizontalen und vertikalen Abreden.

Von *horizontalen* Absprachen spricht man bei Absprachen zwischen zwei (oder mehr) Unternehmen, die auf dem gleichen Markt und auf der gleichen Wertschöpfungsstufe tätig sind und somit tatsächliche oder zumindest potenzielle Wettbewerber sind (siehe Abb. 3.1). Beispiele für horizontale Absprachen sind Preisabsprachen zwischen Herstellern von miteinander im Wettbewerb stehenden Produkten.

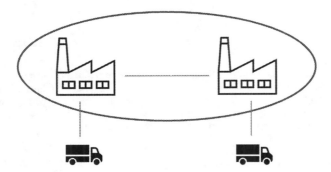

Abb. 3.1   Horizontale Absprache zwischen zwei Produzenten

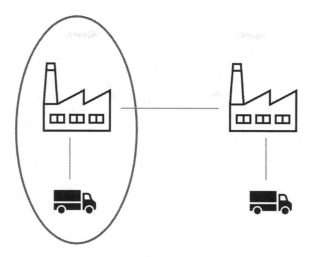

Abb. 3.2 Vertikale Absprache zwischen einem Produzenten und seinem Händler

Vertikale Absprachen betreffen dagegen Abreden von Unternehmen, die auf verschiedenen Marktstufen (d. h. auf verschiedenen Stufen der Produktions- und Vertriebskette) tätig sind (siehe Abb. 3.2). Diese Unternehmen sind nicht unmittelbar Wettbewerber, sondern stehen zueinander in einer Lieferanten-Kunden-Beziehung. Beispiele für vertikale Absprachen sind Absprachen zwischen einem Hersteller und seinem Händler hinsichtlich der Weiterverkaufspreise des Händlers (zulässig sind lediglich unverbindliche Preisempfehlungen).

▷ **Marktabgrenzung:** Im Kartellrecht ist die Marktabgrenzung von grundlegender Bedeutung. Die Marktabgrenzung erfolgt dabei in *sachlicher, räumlicher* und ggf. auch in *zeitlicher* Hinsicht nach dem sog. Bedarfsmarktkonzept. Entscheidend ist daher nicht die Sicht der betroffenen Unternehmen, sondern die Sicht der Marktgegenseite. Nach dem Bedarfsmarktkonzept stehen mithin solche Unternehmen miteinander im Wettbewerb, deren Produkte aus der Sicht der Marktgegenseite sowohl in sachlicher (d. h. aufgrund ihrer Eigenschaft, des Verwendungszwecks und der Preislage) als auch in räumlicher Hinsicht miteinander konkurrieren, bzw. austauschbar sind (sog. „funktionelle Austauschbarkeit").

3.2   Der kartellrechtliche Unternehmensbegriff

Sowohl § 1 GWB als auch Art. 101 Abs. 1 AEUV knüpfen an das Unternehmen als handelndes Subjekt an. Der kartellrechtliche Unternehmensbegriff
ist somit „Einfallstor" in das Kartellrecht. Trotz seiner bedeutenden Stellung
für das Kartellrecht ist der Begriff jedoch nicht gesetzlich definiert, sondern
kartellrechtsspezifisch auszulegen.

Nach der ständigen Rechtsprechung umfasst der Unternehmensbegriff *„jede
eine wirtschaftliche Tätigkeit ausübende Einheit, unabhängig von ihrer Rechts-
form und Art der Finanzierung"*[1] (sog. „funktionaler Unternehmensbegriff"). Der
Unternehmensbegriff erfasst somit alle natürlichen und juristischen Personen
(und auch nicht rechtsfähige Organisationen), soweit sie wirtschaftlich tätig sind.
Anknüpfungspunkt für die Unternehmenseigenschaft ist die wirtschaftliche Tätigkeit. Eine wirtschaftliche Tätigkeit ist „jede Tätigkeit, die darin besteht, Güter
oder Dienstleistungen auf einem bestimmten Markt anzubieten"[2].

Vom Kartellrecht umfasst sind demnach auch natürliche Personen, die ein
Gewerbe betreiben und freiberuflich tätige Personen. Vom Kartellrecht ausge-
nommen werden durch das Merkmal der wirtschaftlichen Tätigkeit dagegen rein
hoheitliches Handeln des Staates, der private Gebrauch sowie Arbeitnehmer.

Ebenso wie der Unternehmensbegriff ist auch der Begriff der Unternehmensvereinigung weit auszulegen. Er umfasst insbesondere Wirtschaftsverbände,
Arbeitgeberverbände und Berufsorganisationen.

3.3   Vereinbarungen, Beschlüsse und aufeinander
abgestimmte Verhaltensweisen

Tathandlungen des § 1 GWB (bzw. Art. 101 AEUV) sind *Vereinbarungen*
zwischen Unternehmen, *Beschlüsse* von Unternehmensvereinigungen und *aufeinander abgestimmte Verhaltensweisen*.

Nach der Rechtsprechung des EuGH folgt daraus, dass grundsätzlich
jede unmittelbare oder mittelbare Fühlungnahme zwischen Unternehmen, *„die
bezweckt oder bewirkt, das Marktverhalten eines gegenwärtigen oder potenziellen
Mitbewerbers zu beeinflussen oder einen solchen Mitbewerber über das Marktverhalten ins Bild zu setzen, das man selbst an den Tag zu legen entschlossen*

---

[1] EuGH, Urt. v. 6 Oktober 2021, Rs. C-882/19, Rn. 41 – *Sumal/Mercedes Benz Trucks
España*.
[2] EuGH, Urt. v. 24. Oktober 2002, Rs. C-82/01 P, Rn. 97 – *Aérports Paris*.

ist oder in Erwägung zieht" unzulässig ist.[3] Es gilt somit der Grundsatz des kartellrechtlichen Selbstständigkeitspostulats. Dieses verlangt, dass Unternehmen grundsätzlich autonome Entscheidungen zu treffen haben.

Im Folgenden wird kurz auf die Merkmale von *Vereinbarungen, Beschlüssen* und *aufeinander abgestimmten Verhaltensweisen* eingegangen. Die Unterscheidung dieser Merkmale spielt jedoch in der Praxis keine besondere Rolle.

3.3.1   Vereinbarungen von Unternehmen

Der Begriff der *Vereinbarung* ist weit auszulegen. Er ist nicht begrenzt auf Verträge im Sinne des § 145 BGB, sondern geht darüber hinaus und umfasst auch sog. „gentlemen's agreements". Nicht entscheidend ist, ob die Vereinbarung tatsächlich rechtlich verbindlich ist. Ausreichend ist vielmehr, dass die Parteien ihren gemeinsamen Willen zum Ausdruck gebracht haben, sich auf dem Markt in einer bestimmten Weise zu verhalten. Vereinbarungen können in jeder beliebigen Form getroffen werden, d. h. schriftlich, mündlich, ausdrücklich oder konkludent.

Abzugrenzen sind Vereinbarungen von einseitigen Maßnahmen bzw. Handlungen. Diese sind, soweit keine konkludente Willensübereinstimmung der Parteien bzgl. der Maßnahmen vorliegt, keine Vereinbarungen.

3.3.2   Beschlüsse von Unternehmensvereinigungen

Beschlüsse von Unternehmensvereinigungen sind alle Rechtsakte, durch die die Unternehmensvereinigung ihren Willen bildet. Unerheblich ist erneut, ob der Beschluss schriftlich oder mündlich gefasst wurde. Beispiele für Beschlüsse sind Geschäftsordnungen von Vereinigungen oder Satzungsänderungen. Auch Empfehlungen von Unternehmensvereinigungen können umfasst sein, wenn sie für die Mitglieder der Unternehmensvereinigung verbindlich sind.

3.3.3   Aufeinander abgestimmte Verhaltensweisen

Der Auffangtatbestand der *aufeinander abgestimmten Verhaltensweisen* umfasst Koordinierungen, *„die zwar noch nicht bis Abschluss eines Vertrages gediehen sind, jedoch bewusst eine praktische Zusammenarbeit an die Stelle des mit Risiken*

---

[3] EuGH, Urt. v. 17.12.1975, Verb. Rs. 40 et al./73, Rn. 173/174 – *Suiker Unie*.

verbundenen Wettbewerbs treten lässt.[4] Neben einer Abstimmung ist eine auf dieser Abstimmung beruhende „Verhaltensweise" notwendig, die kausal auf der Abstimmung beruhen muss.

3.3.4   (Erlaubtes) Parallelverhalten

Abzugrenzen sind Vereinbarungen, Beschlüsse und aufeinander abgestimmte Verhaltensweisen von erlaubtem Parallelverhalten. Das Selbstständigkeitspostulat untersagt es den am Markt agierenden Unternehmen nämlich nicht, *„sich dem festgestellten oder erwarteten Verhalten ihrer Konkurrenten mit wachem Sinn anzupassen"*[5]. Beruht eigenes Marktverhalten somit lediglich auf Marktbeobachtungen und einem eigenen, autonomen Willensentschluss, liegt kein kartellrechtswidriges Verhalten vor. Die Unterscheidung zwischen verbotenen Verhaltensabstimmungen und erlaubtem Parallelverhalten kann in der Praxis jedoch schwierig sein.

Ein klassisches Beispiel für erlaubtes Parallelverhalten sind die häufig ähnlichen Entwicklungen der Benzinpreise an den Tankstellen.

3.3.5   Exkurs 1: Konzernprivileg

Vereinbarungen innerhalb eines Unternehmens oder zwischen Unternehmen einer Unternehmensgruppe sind nicht von § 1 GWB (bzw. Art. 101 AEUV) erfasst. Dies betrifft z. B. Vereinbarungen zwischen einer Mutter- und Tochtergesellschaft oder zwischen Schwestergesellschaften. Hintergrund des sog. Konzernprivilegs ist, dass es in diesen Fällen an einer Vereinbarung zwischen zwei voneinander unabhängigen Unternehmen fehlt. Erforderlich ist dafür, dass die Muttergesellschaft die Möglichkeit zur Ausübung beherrschenden Einflusses hat. Regelmäßig ergibt sich dies aufgrund der Beteiligung der Muttergesellschaft an der Tochtergesellschaft bzw. den Schwestergesellschaften.

---

[4] EuGH, Urt. v. 14.7.1972, Rs. 48/69, Rn. 64/67 – *Imperial Chemical Industries.*
[5] EuGH, Urt. v. 16.12.1975, Verb. Rs. 40 et al /114–73, Rn. 173/174 – *Suiker Unie.*

3.3.6   Exkurs 2: Kartellrechtliche Bewertung von Handelsvertretern

Kennzeichnend für den Handelsvertreter ist, dass dieser den Vertrag mit dem Kunden nicht im eigenen Namen, sondern im Namen seines Geschäftsherrn abschließt. Sofern der Handelsvertreter kein oder nur ein unbedeutendes Risiko hinsichtlich des abgeschlossenen Geschäfts trägt, wird er lediglich als „verlängerter Arm" seines Geschäftsherrn tätig („echter" Handelsvertreter). Aus kartellrechtlicher Sicht bilden der Handelsvertreter und der Geschäftsherr in diesem Fall ein Unternehmen. Folglich ist auf echte Handelsvertreter das Kartellverbot nicht anwendbar.

Anders ist dies, wenn der Handelsvertreter ein eigenes Risiko trägt, sodass er nicht lediglich als verlängerter Arm seines Geschäftsherrn angesehen werden kann („unechter" Handelsvertreter). In diesen Fällen handelt es sich aus kartellrechtlicher Sicht hinsichtlich des Handelsvertreters und seines Geschäftsherrn um zwei Unternehmen, sodass das Kartellverbot Anwendung findet.

3.4   Verhinderung, Einschränkung oder Verfälschung des Wettbewerbs

Die kartellrechtliche Verhaltensabstimmung muss eine *Verhinderung, Einschränkung* oder *Verfälschung* des Wettbewerbs bezwecken oder bewirken.

Eine Unterscheidung der Merkmale *Verhinderung, Einschränkung* oder *Verfälschung* ist in der Praxis wiederum nicht von besonderer Bedeutung. Vielmehr gehen die drei Merkmale zusammen im Merkmal der *Wettbewerbsbeschränkung* auf.

Beispiele von Wettbewerbsbeschränkungen, die typischerweise als kartellrechtswidrig anzusehen sind, sind in Art. 101 Abs. 1 AEUV aufgeführt. Demnach unzulässig sind insbesondere

a) die unmittelbare oder mittelbare Festsetzung der An- oder Verkaufspreise oder sonstiger Geschäftsbedingungen;

b) die Einschränkung oder Kontrolle der Erzeugung, des Absatzes, der technischen Entwicklung oder der Investitionen;

c) die Aufteilung der Märkte oder Versorgungsquellen;

d) die Anwendung unterschiedlicher Bedingungen bei gleichwertigen Leistungen gegenüber Handelspartnern, wodurch diese im Wettbewerb benachteiligt werden;

e) die an den Abschluss von Verträgen geknüpfte Bedingung, dass die Vertragspartner zusätzliche Leistungen annehmen, die weder sachlich noch nach Handelsbrauch in Beziehung zum Vertragsgegenstand stehen.

3.5   Bezwecken oder bewirken

Die Vereinbarung muss eine Wettbewerbsbeschränkung bezwecken oder bewirken. Zweck und Wirkung der wettbewerbsbeschränkenden Vereinbarung stehen somit gleichbedeutend nebeneinander. Eine bezweckte Wettbewerbsbeschränkung liegt vor, wenn die Beschränkung ihrem Wesen nach geeignet ist, den Wettbewerb zu beschränken.[6] Hierbei handelt es sich um besonders schwerwiegende Wettbewerbsbeschränkungen, wie Preisabsprachen oder Marktaufteilungen.[7] Ist dies der Fall, müssen deren tatsächliche oder potenzielle Auswirkungen auf den Markt nicht mehr geprüft werden.[8]

Wenn eine Vereinbarung keine Wettbewerbsbeschränkung bezweckt, ist zu prüfen, ob sie spürbare wettbewerbsbeschränkende Auswirkungen hat. Dabei sind die tatsächlichen wie auch die potenziellen Auswirkungen zu berücksichtigen und wettbewerbswidrige Wirkungen müssen zu erwarten sein.[9]

3.6   Freistellung

Grundsätzlich vom Kartellverbot erfasste Vereinbarungen können unter Umständen „freigestellt" sein. Dies kann im Wege der sog. „Einzelfreistellung" oder im Wege der sog. „Gruppenfreistellung" erfolgen.

---

[6] Kommission, Leitlinien zur Anwendung von Artikel 81 Abs. 3 EG-Vertrag (jetzt Art. 101 Abs. 3 AEUV) (2004/C 101/08), Rn. 21.

[7] Kommission, Leitlinien zur Anwendung von Artikel 81 Abs. 3 EG-Vertrag (jetzt Art. 101 Abs. 3 AEUV) (2004/C 101/08), Rn. 21.

[8] Kommission, Leitlinien zur Anwendung von Artikel 81 Abs. 3 EG-Vertrag (jetzt Art. 101 Abs. 3 AEUV) (2004/C 101/08), Rn. 20.

[9] Kommission, Leitlinien zur Anwendung von Artikel 81 Abs. 3 EG-Vertrag (jetzt Art. 101 Abs. 3 AEUV) (2004/C 101/08), Rn. 24.

3.6.1   Einzelfreistellung

Damit eine grundsätzlich vom Kartellverbot umfasste Vereinbarung im Wege der Einzelfreistellung freigestellt werden kann, müssen zwei positive und zwei negative Voraussetzungen kumulativ erfüllt sein.

Zunächst muss die Vereinbarung – unter angemessener Beteiligung der Verbraucher an dem entstehenden Gewinn – zur Verbesserung der Warenerzeugung oder -verteilung oder zur Förderung des technischen oder wirtschaftlichen Fortschrittes beitragen, d. h. sie muss zu Effizienzgewinnen führen.

Zudem dürfen den beteiligten Unternehmen (i) keine Beschränkungen auferlegt werden, die für die Verwirklichung dieser Ziele nicht unerlässlich sind, oder (ii) Möglichkeiten eröffnet werden, für einen wesentlichen Teil der betreffenden Waren den Wettbewerb auszuschalten.

In der Praxis ist eine Einschätzung, ob die Voraussetzungen für eine Einzelfreistellung vorliegen, nur schwer vorzunehmen. Weicht die eigene Einschätzung vom Vorliegen der Voraussetzungen von den Einschätzungen der Wettbewerbsbehörde ab, liegt ein Kartellverstoß vor. Einzelfreistellungen bergen daher aufgrund der schwierigen rechtlichen Bewertung für die beteiligten Unternehmen ein nicht unerhebliches Risiko.

3.6.2   Gruppenfreistellung

In der Praxis wird aufgrund der erheblichen Risiken bei der Bewertung, ob die Voraussetzungen einer Einzelfreistellung erfüllt sind, zunächst geprüft, ob die Voraussetzungen einer der Gruppenfreistellungsverordnungen erfüllt sind. Gruppenfreistellungsverordnungen sind europäische Verordnungen, d. h. verbindliche Rechtsakte, die in allen EU-Mitgliedstaaten in einheitlicher Weise und unmittelbar gelten, ohne dass sie in einzelstaatliches Recht umgesetzt werden müssten.

3.6.2.1   Grundlagen

Gruppenfreistellungsverordnungen finden Anwendung sowohl bei europäischen Sachverhalten, d. h. Wettbewerbsbeschränkungen, die nach Art. 101 AEUV geprüft werden, als auch bei deutschen Sachverhalten, d. h. Wettbewerbsbeschränkungen, die nach § 1 GWB geprüft werden (vgl. § 2 Abs. 2 GWB).

Der Vorteil der Gruppenfreistellungsverordnungen besteht darin, dass diese für bestimmte „Gruppen von Wettbewerbsbeschränkungen" die allgemein gehaltenen

Voraussetzungen einer Freistellung – siehe hierzu die Voraussetzungen einer Einzelfreistellung – konkretisieren und wesentlich genauer vorgeben, wann eine wettbewerbsbeschränkende Vereinbarung vom Kartellverbot freigestellt ist. Dadurch wird die rechtliche Bewertung einer bestimmten Verhaltensweise wesentlich erleichtert.

Gruppenfreistellungsverordnungen sind in der Regel ähnlich aufgebaut. Zunächst konkretisieren sie, welche Art von Vereinbarung von der Gruppenfreistellungsverordnung umfasst wird. Anschließend werden die Voraussetzungen, unter denen die Vereinbarungen vom Kartellverbot freigestellt sind, konkretisiert. In der Regel gehört dazu auch eine Marktanteilsgrenze, die von den beteiligten Unternehmen nicht überschritten werden darf. Schließlich werden einige „Hardcore"-Wettbewerbsbeschränkungen aufgeführt, die keinesfalls freigestellt werden können.

3.6.2.2 Gruppenfreistellungsverordnung für vertikale Vereinbarungen

Die Europäische Kommission („EU-Kommission") hat eine Reihe von Gruppenfreistellungsverordnungen erlassen, von denen in der Praxis die Gruppenfreistellungsverordnung für vertikale Vereinbarungen[10] („Vertikal-GVO") von besonderer Bedeutung ist.[11]

Sofern eine vertikale Vereinbarung vorliegt – d. h. z. B. eine Vereinbarung zwischen einem Hersteller von Produkten und seinem Händler –, ist ein jeweiliger Marktanteil der an der Vereinbarung beteiligten Unternehmen von maximal 30 % (Art. 3 Abs. 1 Vertikal-GVO) Voraussetzung für die Anwendbarkeit der Vertikal-GVO. D. h., weder der Marktanteil des Herstellers (Anbieters) auf seinem Verkaufsmarkt noch der Marktanteil des Händlers (Abnehmers) auf seinem Nachfragemarkt darf die Schwelle von 30 % überschreiten. Sofern dies der Fall ist, sind vertikale Vereinbarungen zwischen dem Hersteller und seinem Händler grundsätzlich vom Kartellverbot freigestellt (Art. 2 Vertikal-GVO), es sei denn, es handelt sich um sog. „Kernbeschränkungen" (Art. 4 Vertikal-GVO) oder um sog. „graue" Klauseln (Art. 5 Vertikal-GVO).

---

[10] Verordnung (EU) 2022/720 der Kommission vom 10. Mai 2022 über die Anwendung des Artikels 101 Absatz 3 des Vertrags über die Arbeitsweise der Europäischen Union auf Gruppen von vertikalen Vereinbarungen und abgestimmten Verhaltensweisen.

[11] Von weiterer besonderer Bedeutung sind die Gruppenfreistellungsverordnung für Forschung und Entwicklung (Verordnung (EU) 2023/1066) sowie die Gruppenfreistellungsverordnung für Spezialisierungsvereinbarungen (Verordnung (EU) 2023/1067).

Kernbeschränkungen enthalten besonders schwerwiegende Wettbewerbsbeschränkungen und untersagen insbesondere bestimmte Beschränkungen hinsichtlich der Festsetzung der Verkaufspreise seitens des Abnehmers sowie hinsichtlich der Gebiete oder Kunden, an die der Abnehmer die Waren (oder Dienstleistungen) weiterverkaufen darf. Die grauen Klauseln beinhalten z. B. überlange Wettbewerbsverbote.

Ein entscheidender Unterschied zwischen den Kernbeschränkungen (Art. 4 Vertikal-GVO) und den grauen Klauseln (Art. 5 Vertikal-GVO) ist, dass eine Vereinbarung, die eine Kernbeschränkung enthält, insgesamt nicht freistellungsfähig ist. Enthält eine Vereinbarung dagegen eine (unzulässige) graue Klausel, ist nur dieser Teil der Vereinbarung nicht freistellungsfähig, die restliche Vereinbarung jedoch schon.

> Enthält eine vertikale Vereinbarung (z. B. zwischen einem Hersteller und seinem Händler) eine sog. Kernbeschränkung (Art. 4 Vertikal-GVO), so ist die Vereinbarung insgesamt nicht freistellungsfähig. Dies kann schwerwiegende Folgen für das Vertriebssystem des Herstellers haben. Es empfiehlt sich daher beim Aufbau des Vertriebssystems besondere Vorsicht walten zu lassen.

3.7 Bagatellbekanntmachung/ De-minimis-Bekanntmachung

Das Bundeskartellamt und die EU-Kommission haben jeweils in Bekanntmachungen (Bagatellbekanntmachung[12] und De-minimis-Bekanntmachung[13]) festgelegt, wann sie einen Verstoß gegen das Kartellverbot als lediglich geringfügig bzw. nicht spürbar ansehen und entsprechend (regelmäßig) von einer Verfahrenseinleitung absehen würden.

Sowohl nach der Bagatellbekanntmachung als auch nach der De-Minimis-Bekanntmachung ist dies der Fall, (i) bei horizontalen Vereinbarungen zwischen Wettbewerbern, wenn *„der von den an der Vereinbarung beteiligten Unternehmen*

---

[12] Bekanntmachung Nr. 18/2007 des Bundeskartellamtes über die Nichtverfolgung von Kooperationsabreden mit geringer wettbewerbsbeschränkender Bedeutung vom 13. März 2007.

[13] Bekanntmachung über Vereinbarungen von geringer Bedeutung, die im Sinne des Artikels 101 Absatz 1 des Vertrags über die Arbeitsweise der Europäischen Union den Wettbewerb nicht spürbar beschränken (De-minimis-Bekanntmachung) (2014/C 291/01).

insgesamt gehaltene Marktanteil auf keinem der von der Vereinbarung betroffenen relevanten Märkte 10 % überschreitet", bzw. (ii) bei vertikalen Vereinbarungen zwischen Nichtwettbewerbern, wenn der von jedem der *„beteiligen Unternehmen gehaltene Marktanteil auf keinem der betroffenen Märkte 15 % überschreitet."*[14] Zu beachten ist jedoch, dass dies nicht für sog. Kernbeschränkungen (hardcore-Verstöße) gilt. Unter Kernbeschränkungen werden besonders wettbewerbsschädliche Absprachen verstanden, d. h. die Festsetzung von Preisen oder Preisbestandteilen oder *„die Beschränkung von Produktion, Bezug oder Absatz von Waren oder Dienstleistungen, insbesondere durch die Aufteilung von Versorgungsquellen, Märkten oder Abnehmern."*[15]

▶ Kernbeschränkungen (oder Hardcore-Restrictions) – d. h. insbesondere Preisabsprachen, Kundenabsprachen, sowie die Beschränkung von Produktion, Bezug oder Absatz – fallen nicht in den Anwendungsbereich der Bagatellbekanntmachung und der De-minimis-Bekanntmachung. Kernbeschränkungen sind daher für alle Unternehmen, unabhängig von ihrer Größe, kartellrechtsrelevant.

---

[14] Bagatellbekanntmachung, Rn. 8 f.; De-Minimis-Bekanntmachung, Rn. 8.
[15] Bagatellbekanntmachung, Rn. 14 f.; Im Ergebnis ähnlich führt die De-Minimis-Bekanntmachung aus, dass die Bekanntmachung nicht auf *bezweckte* Wettbewerbsbeschränkungen anwendbar ist (Rn. 2).

Missbrauch einer marktbeherrschenden Stellung

4

Die zweite Säule des Kartellrechts

4.1 Das Marktmachtmissbrauchsverbot – rechtlicher Rahmen

Bei funktionierendem Wettbewerb werden die Handlungsmöglichkeiten eines Unternehmens durch die anderen am Markt tätigen Unternehmen beschränkt. Angebot und Nachfrage sowie bestehende Auswahlmöglichkeiten grenzen die wirtschaftlichen Handlungsmöglichkeiten ein.

Anders ist dies, wenn ein Unternehmen über eine marktbeherrschende Stellung verfügt. In diesen Fällen ist das Unternehmen keinem ausreichenden Wettbewerbsdruck mehr ausgesetzt. Während die Erlangung der marktbeherrschenden Stellung nicht verboten ist, ist die missbräuchliche Ausnutzung einer marktbeherrschenden Stellung untersagt.

Gesetzlich geregelt ist die Missbrauchsaufsicht in § 19 GWB bzw. 102 AEUV. § 19 Abs. 1 GWB enthält eine Generalklausel, die den Missbrauch einer marktbeherrschenden Stellung durch ein oder mehrere Unternehmen verbietet. Konkretisiert wird § 19 Abs. 1 GWB durch die beispielhafte Aufzählung marktmachtmissbräuchlichen Verhaltens in § 19 Abs. 2 GWB.

Ähnlich aufgebaut ist Art. 102 AEUV. Dieser erklärt zunächst ebenfalls die missbräuchliche Ausnutzung einer beherrschenden Stellung für verboten, soweit dies dazu führen kann, den Handel zwischen den Mitgliedstaaten zu beeinträchtigen (Zwischenstaatlichkeitsklausel, ähnlich wie bei Art. 101 AEUV hinsichtlich des Kartellverbots). Anschließend zählt Art. 102 AEUV einige Verhaltensweisen auf, in denen insbesondere ein Missbrauch bestehen kann.

Eine Prüfung von § 19 GWB bzw. Art. 102 AEUV führt häufig zum gleichen Ergebnis. Es ist jedoch zu beachten, dass – anders als im Rahmen des Kartellverbots – abweichende Ergebnisse zulässig sind. Kommt z. B. das Bundeskartellamt

I. Schuler, *Kartellrecht*, essentials, https://doi.org/10.1007/978-3-658-44746-5_4

bei der Prüfung des Art. 102 AEUV zu dem Ergebnis, dass dieser nicht verletzt ist, darf das Bundeskartellamt trotzdem den ggf. strengeren § 19 GWB anwenden (vgl. oben, Ziff. 3).

4.2   Marktbeherrschendes Unternehmen

Normadressaten des § 19 GWB bzw. Art. 101 AEUV sind marktbeherrschende Unternehmen. Zunächst gilt dabei hinsichtlich des Begriffs „Unternehmen" erneut, wie beim Kartellverbot, der weite funktionale Unternehmensbegriff (vgl. oben, Ziff. 4.2).

Ein Unternehmen hat eine marktbeherrschende Stellung, wenn es eine wirtschaftliche Machtstellung innehat, *„die es in die Lage versetzt, die Aufrechterhaltung eines wirksamen Wettbewerbs auf dem relevanten Markt zu verhindern, indem sie ihm die Möglichkeit verschafft, sich seinen Wettbewerbern, seinen Abnehmern und letztlich den Verbrauchern gegenüber in einem nennenswerten Umfang unabhängig zu verhalten."*[1]

Erster Ansatzpunkt für die Beurteilung der Marktmacht eines Unternehmens sind die Marktanteile. Voraussetzung hierfür ist eine Abgrenzung des relevanten Marktes. Dies erfolgt wiederum anhand des Bedarfsmarktkonzeptes in sachlicher, räumlicher und zeitlicher Hinsicht (vgl. oben, Ziff. 4.1.2).

Das deutsche Recht enthält in § 18 Abs. 4 GWB die Vermutung, *„dass ein Unternehmen marktbeherrschend ist, wenn es einen Marktanteil von mindestens 40 % hat."* Zudem enthält § 18 Abs. 6 GWB eine Regelung für eine Marktbeherrschung mehrerer Unternehmen, wonach eine Gesamtheit von Unternehmen marktbeherrschend ist, wenn sie (i) aus drei oder weniger Unternehmen besteht, die zusammen einen Marktanteil von 50 % erreichen oder (ii) aus fünf oder weniger Unternehmen besteht, die zusammen einen Marktanteil von zwei Dritteln erreichen.

Auf europäischer Ebene gelten tendenziell höhere Marktanteilsschwellen. Allerdings orientiert sich die EU-Kommission an der Marktanteilsschwelle von 40 % und hält eine Marktbeherrschung für unwahrscheinlich, wenn ein Unternehmen weniger als 40 % des relevanten Marktes einnimmt. Da es sich bei der 40-Prozent-Schwelle nicht um eine fixe Grenze handelt, sind auch Konstellationen denkbar, bei denen eine marktbeherrschende Stellung auch unterhalb dieser Grenze anzunehmen ist. In der Praxis ermöglichen die Marktanteile eine zumeist relativ schnelle erste Einschätzung, ob eine marktbeherrschende Stellung vorliegt

---

[1] EuGH, Urt. v. 13.2.1979, Rs. 85–76, Rn. 38 – *Hoffmann-La Roche.*

und somit die Marktmachtmissbrauchsvorschriften Anwendung finden könnten. In Grenzfällen kann jedoch eine vertiefte Prüfung nötig sein, bei der neben den (i) Marktanteilen insbesondere (ii) die Finanzkraft, (iii) der Zugang zu wettbewerbsrelevanten Daten, (iv) der Zugang zu den Beschaffungs- oder Absatzmärkten, (v) Verflechtungen mit anderen Unternehmen, (vi) rechtliche oder tatsächliche Schranken für den Marktzutritt anderer Unternehmen, (vii) der tatsächliche oder potenzielle Wettbewerb durch Unternehmen, die innerhalb oder außerhalb des Geltungsbereichs dieses Gesetzes ansässig sind, (viii) die Fähigkeit, das Angebot oder die Nachfrage auf andere Waren oder gewerbliche Leistungen umzustellen, sowie (ix) die Möglichkeit der Marktgegenseite, auf andere Unternehmen auszuweichen, zu berücksichtigen sind (vgl. § 18 Abs. 3).

4.3 Missbräuchliche Verhaltensweisen

Sowohl § 19 GWB als auch Art. 102 AEUV enthalten Regelbeispiele für missbräuchliches Verhalten. Im nachfolgenden werden die in § 19 Abs. 2 GWB enthaltenen Regelbeispiele kurze dargestellt:

4.3.1 Behinderungsmissbrauch

§ 19 Abs. 2 Nr. 1 Fall 1 GWB regelt den sog. Behinderungsmissbrauch. Danach liegt ein Missbrauch vor, wenn ein marktbeherrschendes Unternehmen *„ein anderes Unternehmen unmittelbar oder mittelbar unbillig behindert."*

Der Behinderungsmissbrauch bezieht sich auf eine Form des wettbewerbswidrigen Verhaltens, bei der ein marktbeherrschendes Unternehmen seine Position ausnutzt, um den Wettbewerb zu behindern oder den Marktzugang für andere Unternehmen zu erschweren. Dabei nutzt das dominierende Unternehmen seine marktbeherrschende Stellung aus, um beispielsweise Wettbewerber zu verdrängen oder zu schwächen.

Ein typisches Beispiel für Behinderungsmissbrauch ist die Anwendung von überhöhten Preisen oder sonstigen ungünstigen Vertragsbedingungen gegenüber Kunden oder Lieferanten, um diese in ihrer Geschäftstätigkeit zu beeinträchtigen oder aus dem Markt zu drängen. Ein weiteres Beispiel sind langfristige ausschließliche Bezugsverpflichtungen, die Wettbewerber in ihren Absatzmöglichkeiten behindern können. Auch die Verwendung von Preisunterbietungen, Umsatzboni und Treuerabatten durch ein marktbeherrschendes Unternehmen wirft immer wieder kartellrechtliche Fragen auf.

4.3.2   Diskriminierung

§ 19 Abs. 2 Nr. 1 Fall 2 GWB regelt das sog. Diskriminierungsverbot. Danach liegt ein Missbrauch vor, wenn ein marktbeherrschendes Unternehmen *„ein anderes Unternehmen* [...] *ohne sachlich gerechtfertigten Grund unmittelbar oder mittelbar anders behandelt als gleichartige Unternehmen."*

Ein Unternehmen, das eine marktbeherrschende Position hat, darf demnach keine diskriminierenden Geschäftspraktiken anwenden, die dazu führen, dass bestimmte Marktteilnehmer gegenüber anderen, *gleichartigen Unternehmen* benachteiligt werden.

Das Diskriminierungsverbot setzt somit „gleichartige Unternehmen" voraus, die unterschiedlich behandelt werden. Voraussetzung ist zumindest ein gleich gelagerter Sachverhalt. In der Praxis ist jedoch nicht immer einfach zu bestimmen, ob es sich bei zwei Unternehmen um „gleichartige" Unternehmen handelt.

Das Diskriminierungsverbot kann z. B. bei unterschiedlichen Preisen für identische Produkte oder Dienstleistungen oder unterschiedlichen Vertragsbedingungen greifen. Auch bestimmten Unternehmen exklusiv gewährte Rabatte oder Anreize, die anderen nicht zur Verfügung stehen, können als diskriminierend angesehen werden.

4.3.3   Ausbeutungsmissbrauch

§ 19 Abs. 2 Nr. 2 GWB regelt den sog. Ausbeutungsmissbrauch. Danach liegt ein Missbrauch vor, wenn ein marktbeherrschendes Unternehmen *„Entgelte oder sonstige Geschäftsbedingungen fordert, die von denjenigen abweichen, die sich bei wirksamem Wettbewerb mit hoher Wahrscheinlichkeit ergeben würden* [...]."

Anders als der Behinderungsmissbrauch und das Diskriminierungsverbot, die sich grundsätzlich gegen die Wettbewerber des marktbeherrschenden Unternehmens richten, richtet sich der Ausbeutungsmissbrauch gegen die Marktgegenseite.

Ein Ausbeutungsmissbrauch kann darin liegen, dass ein marktbeherrschendes Unternehmen von seinen Abnehmern oder Lieferanten unangemessene Preise oder Konditionen fordert. Um zu prüfen, ob ein möglicher Missbrauch vorliegt, greift das Bundeskartellamt auf das sog. „Vergleichsmarktkonzept" zurück, um die möglicherweise überhöhten Preise mit denen zu vergleichen, die sich auf ähnlichen Märkten mit vergleichbaren Strukturen im Wettbewerb ergeben.

4.3.4 Strukturmissbrauch

§ 19 Abs. 2 Nr. 3 GWB regelt den sog. Strukturmissbrauch. Danach liegt ein
Missbrauch vor, wenn ein marktbeherrschendes Unternehmen *„ungünstigere Entgelte oder sonstige Geschäftsbedingungen fordert, als sie das marktbeherrschende
Unternehmen selbst auf vergleichbaren Märkten von gleichartigen Abnehmern
fordert, es sei denn, dass der Unterschied sachlich gerechtfertigt ist".*
Voraussetzung für den Strukturmissbrauch ist die ungerechtfertigte Ungleich-
behandlung durch ein marktbeherrschendes Unternehmen. Vergleichsmaßstab ist
dabei der Wettbewerb auf „vergleichbaren" Märkten. Eine Vergleichbarkeit von
Märkten soll schon dann gegeben sein, *„wenn zwischen den verglichenen Märkten auf erste Sicht keine so signifikanten Unterschiede bestehen, dass sich ihre
Einordnung als vergleichbar verbietet."*[2]

4.3.5 Missbrauch durch Zugangsverweigerung

§ 19 Abs. 2 Nr. 4 GWB regelt den sog. Missbrauch durch Zugangsverweigerung.
Danach liegt ein Missbrauch vor, wenn ein marktbeherrschendes Unternehmen
*„sich weigert, ein anderes Unternehmen gegen angemessenes Entgelt mit einer
solchen Ware oder gewerblichen Leistung zu beliefern, insbesondere ihm Zugang
zu Daten, zu Netzen oder anderen Infrastruktureinrichtungen zu gewähren, und die
Belieferung oder die Gewährung des Zugangs objektiv notwendig ist, um auf einem
vor- oder nachgelagerten Markt tätig zu sein und die Weigerung den wirksamen
Wettbewerb auf diesem Markt auszuschalten droht, es sei denn, die Weigerung ist
sachlich gerechtfertigt".*
Diese Regelung spiegelt das Verständnis wider, dass auf bestimmten Märkten
nur dann Wettbewerb ist, wenn Zugang zu bestimmten Infrastruktureinrichtungen gewährt wird. Diskutiert wird dieses Verständnis auch unter dem Stichwort
„essential-Facilities-Doctrin". Relativ neu ist dabei, dass § 19 Abs. 2 Nr. 4 GWB
explizit auch den Zugang zu Daten aufzählt. Das marktbeherrschende Unternehmen muss den Zugang jedoch nur gegen ein angemessenes Entgelt gewähren,
wobei sich die Angemessenheit nach betriebswirtschaftlichen Gesichtspunkten
bemisst.
Die Zugangsverweigerung kann sachlich gerechtfertigt sein, z. B. bei fehlenden Kapazitäten oder wenn eine Zugangsgewährung zu Daten gegen das
Datenschutzrecht verstoßen würde.

---

[2] BGH, Urt. v. 7.12.2010, KZR 5/10, Rn. 18 – *Entega II*.

4.3.6 Missbrauch durch Aufforderung zur Gewährung von Vorteilen

§ 19 Abs. 2 Nr. 5 GWB regelt den sog. Missbrauch durch Zugangsverweigerung. Danach liegt ein Missbrauch vor, wenn ein marktbeherrschendes Unternehmen *„andere Unternehmen dazu auffordert, ihm ohne sachlich gerechtfertigten Grund Vorteile zu gewähren; hierbei ist insbesondere zu berücksichtigen, ob die Aufforderung für das andere Unternehmen nachvollziehbar begründet ist und ob der geforderte Vorteil in einem angemessenen Verhältnis zum Grund der Forderung steht."*

Das sog. „Anzapfverbot" des § 19 Abs. 2 Nr. 5 GWB verbietet bereits die Aufforderung Vorteile zu gewähren. Nicht erforderlich ist, dass die Vorteile auch vereinbart und gewährt wurden.

4.4 Besondere Regelungen für Deutschland

Neben dem klassischen Verbot des Missbrauchs einer marktbeherrschenden Stellung kennt das deutsche Kartellrecht mit § 19a GWB und § 20 GWB zwei weitere Vorschriften, die die Verhaltensmöglichkeiten marktstarker Unternehmen eingrenzen.

4.4.1 Missbräuchliches Verhalten von Unternehmen mit überragender marktübergreifender Bedeutung für den Wettbewerb (§ 19a GWB)

§ 19a GWB wurde erst 2021 Bestandteil des deutschen Kartellrechts. Ziel der Vorschrift ist es, dem *„Bundeskartellamt eine effektivere Kontrolle derjenigen großen Digitalkonzerne [zu] ermöglichen […], denen eine überragende marktübergreifende Bedeutung für den Wettbewerb zukommt."*[3] Die Vorschrift zielt somit ganz bewusst auf Unternehmen wie Microsoft, Alphabet, Amazon, Apple und Meta ab.

Das Besondere ist, dass dem Bundeskartellamt gegenüber den großen Digitalkonzernen weitreichende Eingriffsbefugnisse auch unterhalb der Schwelle der Marktbeherrschung zustehen und dass das Bundeskartellamt diesen Unternehmen Verhaltensvorgaben auferlegen kann, bevor es zu einem Missbrauch der

---

[3] BT-Drs. 19/23492, S. 56.

„überragenden marktübergreifenden Bedeutung" gekommen ist. Dabei ist ein zweistufiges Vorgehen erforderlich.

Zunächst stellt das Bundeskartellamt durch Verfügung fest, dass *„einem Unternehmen, [...] eine überragende marktübergreifende Bedeutung für den Wettbewerb zukommt."* Nach § 19a Abs. 1 GWB berücksichtigt das Bundeskartellamt dabei insbesondere die Marktstellung des Unternehmens, die Finanzkraft oder den Zugang zu Resourcen, die vertikale Integration des Unternehmens, den Zugang zu wettbewerbsrelevanten Daten sowie die Bedeutung des Unternehmens für den Zugang Dritter zu Beschaffungs- und Absatzmärkten.

Im Falle der Feststellung der *„überragenden marktübergreifenden Bedeutung"* des Unternehmens für den Wettbewerb kann das Bundeskartellamt nach § 19a Abs. 2 GWB *„verschiedene für den Wettbewerb besonders schädliche und abschließend geregelte Verhaltensweisen verbieten"*.[4] Die in § 19a Abs. 2 GWB enthaltenen Verhaltensvorgaben umfassen u. a. das Verbot der Selbstbevorzugung, das „Aufrollen" von noch nicht beherrschten Märkten (z. B. durch Kampfpreisstrategien, wettbewerbswidrige Exklusivitätsvereinbarungen oder Bündelangeboten) oder das Verbot die Interoperabilität von Produkten oder Leistungen (d. h. das Verhindern, dass Produkte miteinander interagieren könne) oder die Portabilität von Daten zu verweigern oder zu erschweren.

Anders als im Rahmen des § 19 GWB gelten die in § 19a Abs. 2 GWB vorgesehenen Verbote aufgrund der Struktur des § 19a GWB nicht unmittelbar, sondern erst nach einer entsprechenden Verfügung des Bundeskartellamtes. Zivilrechtliche Unterlassungs- oder Schadensersatzansprüche können daher erst nach Erlass der Untersagungsverfügung des Bundeskartellamtes geltend gemacht werden.

Zwar setzt diese Verfügung grundsätzlich eine Erstbegehungs- oder Wiederholungsgefahr voraus, es bedarf andererseits aber keines tatsächlichen Verstoßes bzw. Missbrauchs.

> ▷ **Wichtig**
>
> Auf europäischer Ebene gilt es, den am 1.11.2022 in Kraft getretenen Digital Market Act[5] (DMA) zu beachten.
>
> Der DMA zielt darauf ab, unlautere Praktiken großer Online-Plattformen, die von der EU-Kommission vorab als „Torwächter"

---

[4] BT-Drs. 19/23492, S. 75.

[5] Verordnung (EU) 2022/1925 des Europäischen Parlaments und des Rates vom 14. September 2022 über bestreitbare und faire Märkte im digitalen Sektor und zur Änderung der Richtlinien (EU) 2019/1937 und (EU) 2020/1828 (Gesetz über digitale Märkte).

(Gatekeeper) benannt werden müssen, zu verhindern. Ist ein Unternehmen als Torwächter benannt, muss es sich an verschiedene im DMA aufgeführte Verhaltenspflichten halten. Anders als dies im Wettbewerbsrecht der Fall ist, enthält der DMA jedoch keine allgemeine Verbotsformel im Sinne einer Generalklausel, sondern definiert konkrete Verbote und Pflichten für die Torwächter.[6]

Im Gegensatz zur im Kartellrecht typischen ex-post (d. h. nachträglichen) Kontrolle des Verhaltens marktbeherrschender Unternehmen, enthält der DMA einen ex-ante Ansatz, der den Torwächtern bestimmte Verhaltenspflichten auferlegt, ohne dass ein wettbewerbsbeschränkendes Verhalten bereits stattgefunden haben und ein Schaden eingetreten sein muss.

4.4.2 Verbotenes Verhalten von Unternehmen mit relativer oder überlegener Marktmacht (§ 20 GWB)

§ 20 GWB enthält eine deutsche Sonderregelung und verbietet den Missbrauch relativer oder überlegener Marktmacht. Relative und überlegene Marktmacht setzen bereits unterhalb der Schwelle der Marktbeherrschung an. § 20 GWB erweitert somit in bestimmten Fällen den Anwendungsbereich der klassischen Marktmissbrauchsvorschriften.

§ 20 Abs. 1 GWB erweitert zunächst den Anwendungsbereich des Behinderungsverbotes und Diskriminierungsverbotes auf Unternehmen mit „relativer" Marktmacht. Relative Marktmacht liegt nach § 20 Abs. 1 GWB bereits dann vor, wenn von einem Unternehmen *„andere Unternehmen als Anbieter oder Nachfrager einer bestimmten Art von Waren oder gewerblichen Leistungen in der Weise abhängig sind, dass ausreichende und zumutbare Möglichkeiten, auf dritte Unternehmen auszuweichen, nicht bestehen und ein deutliches Ungleichgewicht zur Gegenmacht der anderen Unternehmen besteht."* Nach § 20 Abs. 1 S. 3 GWB wird vermutet, dass zwischen einem Anbieter von Waren oder Dienstleistungen und einem Nachfrager eine solche Abhängigkeit besteht, wenn der Nachfrager vom Anbieter *„zusätzlich zu den verkehrsüblichen Preisnachlässen oder sonstigen Leistungsentgelten regelmäßig besondere Vergünstigungen erlangt, die gleichartigen Nachfragern nicht gewährt werden."*

---

[6] Vgl. Ausführlich zum DMA in Schmidt/Hübener: Das neue Recht der digitalen Märkte (1. Auflage 2023).

Die Erweiterung des Schutzbereichs des § 20 GWB gilt grundsätzlich für alle Wirtschaftsbereiche. In der Praxis ist jedoch ein besonders großer Nutzen dieser Änderung für den Bereich der digitalen Wirtschaft zu erwarten,[7] so z. B., wenn „*ein Unternehmen für die eigene Tätigkeit auf den Zugang zu Daten angewiesen ist, die von einem anderen Unternehmen kontrolliert werden*" (§ 20 Abs. 1a GWB). Nach § 20 Abs. 1a S. 2 GWB kann in diesen Fällen die „*Verweigerung des Zugangs zu solchen Daten gegen angemessenes Entgelt*" eine unbillige Behinderung darstellen. Hintergrund dieser Ergänzung ist, dass der „*Zugang zu wettbewerbsrelevanten Daten in der digitalen Ökonomie über Innovations- und Wettbewerbschancen entscheiden und die Nutzbarmachung von Daten über die gesamte Wertschöpfungskette künftig zu den wesentlichen Treibern der wirtschaftlichen Entwicklung*"[8] gehört.

Nach § 20 Abs. 2 GWB ist das Anzapfverbot des § 19 Abs. 2 Nr. 5 GWB nicht nur auf marktbeherrschende Unternehmen anwendbar, sondern gilt bereits für Unternehmen im Verhältnis zu den von ihnen abhängigen Unternehmen, d. h. z. B. für einen Nachfrager, soweit von ihm Lieferanten abhängig sind.

§ 20 Abs. 3 GWB enthält zudem Verhaltensvorgaben für nicht marktbeherrschende Unternehmen, soweit diese gegenüber kleinen und mittleren Unternehmen über „überlegene Marktmacht" verfügen. Ob ein Unternehmen als kleines oder mittleres Unternehmen anzusehen ist, ist eine Frage des Einzelfalls und nicht anhand rein objektiver Kriterien, sondern insbesondere anhand eines horizontalen Größenvergleichs mit seinen Wettbewerbern zu beurteilen. Verfügt ein Unternehmen gegenüber diesen Unternehmen über überlegene Marktmacht, so darf es diese nicht unbillig behindern, z. B. indem es Waren (nicht nur gelegentlich) unter Einstandspreis anbietet (vgl. § 20 Abs. 3 Nr. 1-3 GWB).

Zur Verhinderung des sog. Tippings von Märkten wurde zudem § 20 Abs. 3a GWB neu eingeführt. Dieser soll verhindern, dass auf mehrseitigen Märkten[9] marktmächtige Unternehmen die eigenständige Erzielung von Netzwerkeffekten durch Wettbewerber behindern. Ziel dieser Vorschrift ist es, das Tipping von Märkten zu verhindern, d. h. zu verhindern, dass aufgrund von Netzwerkeffekten letztlich nur ein Anbieter auf einem Markt verbleibt.

---

[7] BT-Drs. 19/23492, S. 78.

[8] BT-Drs. 19/23492, S. 79.

[9] Von mehrseitigen Märkten spricht man z. B. bei sozialen Netzwerken oder Plattformen, die erst aufgrund ihrer (privaten) Nutzer für andere (kommerzielle) Nutzer, z. B. Werbetreibende, interessant werden (sog. Indirekte Netzwerkeffekte).

4.5 Rechtsfolge

Ein Verstoß gegen das Kartellverbot kann für die beteiligten Unternehmen erhebliche Konsequenzen zur Folge haben.

4.5.1 Nichtigkeit

Grundsätzlich führt ein Verstoß gegen das Kartellverbot und die Marktmacht-missbrauchsvorschriften zur Nichtigkeit der Vereinbarung. Für einen Verstoß gegen das europäische Kartellverbot (Art. 101 Abs. 1 AEUV) ergibt sich dies unmittelbar aus Art. 101 Abs. 2 AEUV. Für einen Verstoß gegen die deutschen Vorschriften des § 1 GWB und des § 19 GWB sowie für einen Verstoß gegen das europäische Marktmachtmissbrauchsverbot (Art. 102 AEUV) ergibt sich dies aus § 134 BGB. Die Nichtigkeitsfolge bezieht sich jedenfalls auf die konkrete Regelung, die vom Kartellverbot umfasst ist. Sollten sich die übrigen zwischen den Unternehmen getroffenen Regelungen jedoch nicht von der verbotenen Vereinbarung trennen lassen, kann dies zur Nichtigkeit der gesamten zwischen den Unternehmen getroffenen Vereinbarung führen (vgl. § 139 BGB).

▸ Aufgrund der Nichtigkeit der Vereinbarung bei einem Kartellverstoß empfiehlt es sich, z. B. in Vertriebsverträgen eine salvatorische Klausel aufzunehmen. Dadurch kann ggf. verhindert werden, dass die Nichtigkeit einzelner Klauseln zur Gesamtnichtigkeit des Vertrages führt.

4.5.2 Geldbußen

Neben der Nichtigkeit der kartellrechtswidrigen Vereinbarung besteht das Risiko möglicher Geldbußen gegen die am Kartellrechtsverstoß beteiligten Unternehmen. In den letzten Jahren verhängten das Bundeskartellamt und die EU-Kommission immer wieder ganz erhebliche Bußgelder, wie sich bereits den

Jahr	Kartellverfahren	Summe der verhängten Bußgelder in Euro	Davon höchstes verhängtes Einzelbußgeld gegen ein Unternehmen
2020	Aluminiumschmieden	174.841.500	145.000.000
2020	Pflanzenschutzmittel	157.817.170	68.600.000
2019	Quartobleche	646.405.000	370.000.000
2018	Edelstahl	304.050.050	118.000.000
2014	Bier	338.000.000	160.000.000
2014	Wurst	338.500.000	128.050.000
2014	Zucker	281.700.000	195.500.000
2009	Kaffee	159.000.000	83.000.000
2008	Tondachziegel	188.081.000	66.280.000
2007	Flüssiggas	249.000.000	67.200.000
2003	Zement	396.000.000**	175.900.000

Abb. 4.1 Höchstbußgelder des Bundeskartellamtes

folgenden ausgewählten Höchstbußgeldern allein des Bundeskartellamtes[10] entnehmen lässt (siehe Abb. 4.1):

Sowohl nach europäischem als auch nach deutschem Recht kann das Bußgeld bis zu 10 % des vom Unternehmen im vorausgegangenen Geschäftsjahr erzielten Gesamtumsatzes betragen. Zu beachten ist, dass sich die 10 %-Schwelle auf den Gesamtumsatz des Unternehmens bezieht. Begeht z. B. eine Tochtergesellschaft eines Konzerns einen Kartellrechtsverstoß, ist hinsichtlich der 10 %-Obergrenze der Gesamtumsatz des Konzerns zu berücksichtigen. Bußgelder können mithin zu einem erblichen wirtschaftlichen Schaden führen. Nach deutschem Recht kann das Bundeskartellamt zudem Bußgelder gegen die am Kartellverstoß beteiligten Personen verhängen. Diese Bußgelder dürfen EUR 1 Million nicht überschreiten.

Bei der Festsetzung der Höhe des Bußgelds wird dabei insbesondere die Schwere des Verstoßes sowie deren Dauer berücksichtigt.[11]

---

[10] Siehe den Jahresbericht 2022/23 des Bundeskartellamtes, S. 19, abzurufen unter: https:// www.bundeskartellamt.de/SharedDocs/Publikation/DE/Jahresbericht/Jahresbericht_2022_ 23.pdf?__blob=publicationFile&v=4.

[11] Siehe die „Leitlinien für die Bußgeldbemessung in Kartellordnungswidrigkeitenverfahren" des Bundeskartellamtes sowie die „Leitlinien für das Verfahren zur Festsetzung von Geldbußen gemäß Artikel 23 Absatz 2 Buchstabe a) der Verordnung (EG) Nr. 1/2003 (2006/ C 210/02)" der EU-Kommission.

4.5.2.1 Kronzeugenregelung

Große Bedeutung im Zusammenhang mit möglichen Bußgeldern hat die Privilegierung der sog. Kronzeugen.[12] Offenbart ein Unternehmen seine Beteiligung an einem Kartellverstoß gegenüber dem Bundeskartellamt bzw. der EU-Kommission, kann dies zu einer Ermäßigung – bis hin zum vollständigen Erlass – der Geldbuße führen. Einen vollständigen Erlass der Geldbuße erhält dabei nur das Unternehmen, das als erstes den Kartellverstoß gegenüber der Wettbewerbsbehörde offenlegt und anschließend mit dieser kooperiert. Die nachfolgenden Unternehmen können lediglich noch eine Ermäßigung der Geldbuße erhalten. Für den Erlass und den Umfang der Ermäßigung mitentscheidend ist daher der Zeitpunkt der eingereichten Anträge.

Insbesondere bei kartellrechtlichen Durchsuchungen der Wettbewerbsbehörden – in diesen Fällen ist häufig davon auszugehen, dass ein Unternehmen bereits mit der Wettbewerbsbehörde kooperiert – ist daher Schnelligkeit gefragt, um sich einen frühen „Rang" und mithin eine möglichst hohe Ermäßigung der Geldbuße zu sichern. Der Rang kann bereits durch die Setzung eines sog. Markers gewahrt werden. In dem Marker müssen die Bereitschaft zur Zusammenarbeit erklärt und in Kurzform bestimmte Angaben gemacht werden (Namen und Anschrift, die Namen der Kartellbeteiligten, die betroffenen Produkte und Gebiete, die Dauer und die Art der Tat, die eigene Beteiligung sowie Informationen über Anträge bei anderen Kartellbehörden). Voraussetzung für die Rangwahrung ist, dass der Antragsteller anschließend seinen ausgearbeiteten Antrag mit entsprechenden Beweismitteln fristgerecht einreicht.

▶   Bei Durchsuchungen der Unternehmensräume durch die Wettbewerbsbehörden empfiehlt es sich sofort einen Kartellrechtsspezialisten zu verständigen und hinzuzuziehen. Schnelles Handeln und ggf. das Setzen eines Markers zur Wahrung des Ranges können Millionen an Bußgeldern sparen – es kann auf jede Minute ankommen.

Nach wie vor führt das Kronzeugenprogramm und die damit verbundene Privilegierung des Kronzeugen zur Aufdeckung der meisten Kartelle. Die Privilegierung des Kronzeugen betreffend das mögliche Bußgeld führt jedoch nicht zu einer (vollständigen) Privilegierung hinsichtlich möglicher privater Schadensersatzklagen.

---

[12] Vgl. §§ 81h ff. GWB sowie die „Leitlinien zum Kronzeugenprogramm" des Bundeskartellamtes bzw. die „Mitteilung der Kommission über den Erlass und die Ermäßigung von Geldbußen in Kartellsachen" (2006/C 298/11) der EU-Kommission.

4.5.3 Schadensersatz

Wer gegen das Kartellverbot verstößt, ist verpflichtet, den Geschädigten den entstandenen Schaden zu ersetzen (siehe unten, Ziff. 7).

4.5.4 Vorteilsabschöpfung

Die Möglichkeit der Vorteilsabschöpfung durch das Bundeskartellamt ist bereits länger im GWB geregelt (vgl. § 34 GWB). Da im Einzelfall die konkrete Berechnung des Vorteils, den ein Unternehmen durch den Kartellverstoß erzielte, jedoch sehr komplex ist und das Bundeskartellamt erhebliche Beweisanforderung erfüllen muss, hat das Bundeskartellamt bisher von dieser Möglichkeit keinen Gebrauch gemacht. Durch die Einführung einer doppelten Vermutungsregelung in § 34 Abs. 4 GWB soll die Vorteilsabschöpfung durch das Bundeskartellamt nun erleichtert werden. Vermutet wird nun, dass (i) der Kartellverstoß einen wirtschaftlichen Vorteil verursacht hat und (ii), dass dieser Vorteil min. 1 % der Umsätze beträgt, die im Inland mit den Produkten (oder Dienstleistungen), die mit dem Verstoß im Zusammenhang stehen, erzielt wurden. Wiederum ist, wie bei Bußgeldern, der Betrag auf max. 10 % des Gesamtumsatzes des in der Behördenentscheidung vorausgegangenen Geschäftsjahres gedeckt.

Inwieweit dies in der Zukunft dazu führt, dass das Bundeskartellamt von der Möglichkeit der Vorteilsabschöpfung Gebrauch macht, bleibt abzuwarten.

Fusionskontrolle, FDI-Kontrolle und „Foreign-Subsidies-Regulation"

5

Die dritte Säule des Kartellrechts

Zusammenschlüsse von Unternehmen unterliegen – sofern bestimmte Voraussetzungen erfüllt sind – der Fusionskontrolle durch das Bundeskartellamt, der EU-Kommission und/oder weiterer Wettbewerbsbehörden.

Im Rahmen der Transaktionsplanung ist daher möglichst frühzeitig an das Thema „Fusionskontrolle" zu denken. Da die Einholung der fusionskontrollrechtlichen Freigaben der Wettbewerbsbehörden – abhängig von den jeweiligen Wettbewerbsbehörden und der Anzahl der einzuholenden Freigaben – unter Umständen mehrere Monate dauern kann, ist dies bei der Planung des gewünschten Closing Datums zu berücksichtigen.

Hintergrund ist, dass bei einem Vollzug einer anmeldepflichtigen Transaktion ohne vorherige Freigabe der Wettbewerbsbehörde gegen das sog. Vollzugsverbot verstoßen wird. Das Bundeskartellamt und die EU-Kommission können in diesen Fällen Bußgelder gegen die Unternehmen verhängen, die bis zu 10 % des im vorangegangenen Geschäftsjahr erzielten Umsatzes betragen können. Zudem kann ein Entflechtungsverfahren zur Rückabwicklung des Zusammenschlusses durchgeführt werden. Ein Verstoß gegen das Vollzugsverbot kann folglich schwerwiegende Folgen nach sich ziehen.

Daher sollte frühzeitig eine Prüfung möglicher fusionskontrollrechtlicher Anmeldepflichten erfolgen. Soweit es sich bei den beteiligten Unternehmen um große, eventuell weltweit agierende Unternehmen handelt, kann diese Prüfung viele Jurisdiktionen umfassen und aufwendig sein (sog. „multijurisdictional filing analysis").

Die Prüfung fusionskontrollrechtlicher Anmeldepflichten erfordert typischerweise eine Zwei-Schritt-Prüfung. Zunächst ist zu prüfen, ob nach den in der jeweiligen Jurisdiktion geltenden rechtlichen Vorgaben ein Zusammenschluss

I. Schuler, *Kartellrecht*, essentials, https://doi.org/10.1007/978-3-658-44746-5_5

vorliegt. Anschließend ist zu prüfen, ob dieser Zusammenschluss eine fusionskontrollrechtliche Anmeldepflicht auslöst. In vielen Jurisdiktionen bemisst sich dies
anhand der (weltweiten und in den jeweiligen Jurisdiktionen) erzielten Umsätze
der an der Transaktion beteiligten Unternehmen. Standardmäßig werden daher
für die Prüfung fusionskontrollrechtlicher Anmeldepflichten die Umsätze der
beteiligten Unternehmen abgefragt.

Die Details bei der Bewertung, ob ein Zusammenschluss vorliegt – z. B.
bei nichtkontrollierenden Minderheitsbeteiligungen oder bei der Gründung von
Gemeinschaftsunternehmen – und welche Umsätze genau zu berücksichtigen
sind, können sich von Jurisdiktion zu Jurisdiktion unterscheiden. Daher empfiehlt
es sich in unklaren Fällen mit Kartellrechtsexperten aus den jeweiligen Jurisdiktionen (sog. Local Counsel) zusammenzuarbeiten und diese eine mögliche
Anmeldepflicht in ihrer Jurisdiktion prüfen zu lassen.

Abhängig von der Transaktionsstruktur und der Größe der Unternehmen
kann ein Zusammenschluss eine Vielzahl von Anmeldepflichten auslösen. Innerhalb der Europäischen Union gilt jedoch das sog. „One stop shop"-Prinzip.
Danach gilt, dass, sofern ein Zusammenschluss eine Anmeldepflicht bei der
EU-Kommission auslöst, grundsätzlich diese – abgesehen von Sonderfällen wie
Verweisungen – innerhalb der Europäischen Union allein für die fusionskontrollrechtliche Prüfung des Zusammenschlusses zuständig ist. Weitere Anmeldungen
in einzelnen Mitgliedstaaten der Europäischen Union sind in diesem Fall nicht
erforderlich. Mögliche Anmeldepflichten außerhalb der Europäischen Union sind
davon jedoch nicht betroffen.

Nachfolgend wird im Rahmen des Abschnitts zur Fusionskontrolle auf die
Voraussetzungen einer fusionskontrollrechtlichen Anmeldung beim Bundeskartellamt und der EU-Kommission eingegangen.

Neben der kartellrechtlichen Fusionskontrolle ist bei Zusammenschlüssen auch
an die deutschen Regelungen zur Kontrolle von ausländischen Direktinvestitionen sowie an die europäische Verordnung über drittstaatliche Subventionen[1] zu
denken. Aufgrund ihrer wachsenden Bedeutung bei Unternehmenszusammenschlüssen werden diese im Anschluss an die Darstellung der kartellrechtlichen
Fusionskontrolle ebenfalls kurz dargestellt.

---

[1] Verordnung (EU) 2022/2560 des Europäischen Parlaments und des Rates vom 14. Dezember 2022 über den Binnenmarkt verzerrende drittstaatliche Subventionen (foreign subsidies
regulation (FSR)).

5.1 Fusionskontrolle

5.1.1 Zusammenschlusstatbestand

5.1.1.1 Deutschland

Für Deutschland sind die verschiedenen Zusammenschlusstatbestände in § 37 GWB geregelt. Danach liegt ein Zusammenschluss in folgenden Fällen vor:

1. Erwerb des Vermögens eines anderen Unternehmens ganz oder zu einem wesentlichen Teil;
2. Erwerb der unmittelbaren oder mittelbaren Kontrolle über ein anderes Unternehmen z. B. durch Rechte, Verträge oder andere Mittel, die die Möglichkeit gewähren, einen bestimmenden Einfluss auf die Tätigkeit eines Unternehmens auszuüben;
3. Erwerb von Anteilen an einem anderen Unternehmen, wenn die Anteile allein oder zusammen mit sonstigen, dem Unternehmen bereits gehörenden Anteilen (i) 50 % oder (ii) 25 % des Kapitals oder der Stimmrechte des anderen Unternehmens erreichen;
4. jede sonstige Verbindung von Unternehmen, aufgrund derer ein oder mehrere Unternehmen unmittelbar oder mittelbar einen wettbewerblich erheblichen Einfluss auf ein anderes Unternehmen ausüben können.

Unter Kontrolle ist dabei die Möglichkeit zu verstehen, einen bestimmenden Einfluss auf die Tätigkeit eines Unternehmens auszuüben, z. B. durch den Erwerb einer Mehrheitsbeteiligung. Dies kann auch in Form von „negativer" Kontrolle geschehen, wenn z. B. nur eine Minderheitsbeteiligung erworben wird, jedoch durch Vetorechte (insbesondere hinsichtlich des Budgets, des Geschäftsplans, größerer Investitionen oder der Besetzung der Unternehmensleitung) Unternehmensentscheidungen blockiert werden können.

Anders als in vielen Jurisdiktionen ist in Deutschland nach Nr. 3 und 4 ein Zusammenschluss auch unterhalb der „Kontrollschwelle" anmeldepflichtig, wenn lediglich eine Minderheitsbeteiligung von 25 % erworben wird. Erwirbt ein Unternehmen zunächst lediglich mindestens 25 % der Anteile an einem anderen Unternehmen und erst später, in einem zweiten Schritt, mindestens 50 % der Anteile, sind unter Umständen zwei separate Anmeldungen beim Bundeskartellamt erforderlich.

Sogar unterhalb der 25 %-Schwelle kann eine Anmeldepflicht vorliegen, wenn ein wettbewerblich erheblicher Einfluss erworben wird. Dies erfordert in der Regel zunächst, dass der Erwerb der Beteiligung durch weitere „Plusfaktoren", wie z. B. Kontroll-, Veto-, Mitsprach-, oder Informationsmöglichkeiten, de facto einer Minderheitsbeteiligung von 25 % gleichsteht. Zudem muss dieser Einfluss die Möglichkeit einer wettbewerblichen Erheblichkeit aufweisen. Dies kann z. B. bei Zusammenschlüssen zwischen Wettbewerbern der Fall sein. In schwierigen Fällen kann hier eine Konsultation mit der Behörde hilfreich sein, um das Erfordernis einer Anmeldepflicht zu klären.

5.1.1.2 EU
Die EU-Kommission stellt auf das Kriterium der Kontrolle als entscheidendes Merkmal ab. Gemäß Art. 3 Abs. 1 FKVO wird ein Zusammenschluss bewirkt, dass eine dauerhafte Veränderung der Kontrolle in der Weise stattfindet, dass

1. zwei oder mehr bisher voneinander unabhängige Unternehmen oder Unternehmensteile fusionieren oder dass
2. eine oder mehrere Personen, die bereits mindestens ein Unternehmen kontrollieren, oder ein oder mehrere Unternehmen durch den Erwerb von Anteilsrechten oder Vermögenswerten, durch Vertrag oder in sonstiger Weise die unmittelbare oder mittelbare Kontrolle über die Gesamtheit oder über Teile eines oder mehrerer anderer Unternehmen erwerben.

5.1.2 Umsatzschwellen

5.1.2.1 Deutschland
In Deutschland ist gem. § 35 GWB eine Anmeldepflicht grundsätzlich erforderlich, wenn im letzten Geschäftsjahr vor dem Zusammenschluss

1. die beteiligten Unternehmen insgesamt weltweit Umsatzerlöse von mehr als 500 Mio. EUR und
2. im Inland mindestens ein beteiligtes Unternehmen Umsatzerlöse von mehr als 50 Mio. EUR und ein anderes beteiligtes Unternehmen Umsatzerlöse von mehr als 17,5 Mio. EUR

erzielt haben.
Zudem ist eine Anmeldepflicht gegeben, wenn

1. im letzten Geschäftsjahr vor dem Zusammenschluss die beteiligten Unternehmen insgesamt weltweit Umsatzerlöse von mehr als 500 Mio. EUR erzielt haben und

2. im Inland im letzten Geschäftsjahr vor dem Zusammenschluss
    a) ein beteiligtes Unternehmen Umsatzerlöse von mehr als 50 Mio. EUR
       erzielt hat und
    b) weder das zu erwerbende Unternehmen noch ein anderes beteiligtes
       Unternehmen Umsatzerlöse von jeweils mehr als 17,5 Mio. EUR erzielt
       haben,
3. der Wert der Gegenleistung für den Zusammenschluss mehr als 400 Mio. EUR
   beträgt und
4. das zu erwerbende Unternehmen nach Nummer 2 in erheblichem Umfang im
   Inland tätig ist.

> **Wichtig**
>
> **Schwellenwerte in Deutschland:** Gemeinsamer Umsatz der beteilig-
> ten Unternehmen von mehr als EUR 500 Mio., ein Unternehmen mit
> einem Umsatz in Deutschland von mehr als EUR 50 Mio. und ein
> weiteres Unternehmen mit einem Umsatz in Deutschland von mehr
> als EUR 17,5 Mio.
>   Andernfalls ist zu prüfen, ob der Wert der Gegenleistung mehr als
> EUR 400 Mio. beträgt.

5.1.2.2 EU

Eine fusionskontrollrechtliche Anmeldepflicht bei der EU-Kommission bemisst
sich ebenfalls anhand der Umsätze der am Zusammenschluss beteiligten Unternehmen. Nach Artikel 1 der FKVO hat ein Zusammenschluss „gemeinschaftsweite Bedeutung", wenn folgende Umsätze erzielt werden:

1. ein weltweiter Gesamtumsatz aller beteiligten Unternehmen zusammen von
   mehr als 5 Mrd. EUR und
2. ein gemeinschaftsweiter Gesamtumsatz von mindestens zwei beteiligten
   Unternehmen von jeweils mehr als 250 Mio. EUR;

Alternativ hat ein Zusammenschluss gemeinschaftsweite Bedeutung, wenn

1. der weltweite Gesamtumsatz aller beteiligten Unternehmen zusammen mehr
   als 2,5 Mrd. EUR beträgt,
2. der Gesamtumsatz aller beteiligten Unternehmen in mindestens drei Mitgliedstaaten jeweils 100 Mio. EUR übersteigt,

3. in jedem von mindestens drei von Nr. 2 erfassten Mitgliedstaaten der Gesamtumsatz von mindestens zwei beteiligten Unternehmen jeweils mehr als 25 Mio. EUR beträgt und
4. der gemeinschaftsweite Gesamtumsatz von mindestens zwei beteiligten Unternehmen jeweils 100 Mio. EUR übersteigt;

▶ **Wichtig**

Schwellenwerte der EU-Kommission: Gemeinsamer Umsatz der beteiligten Unternehmen von mehr als EUR 5 Mrd. sowie gemeinschaftsweiter Umsatz von mind. zwei beteiligten Unternehmen von mehr als EUR 250 Mio.

Gemeinsamer Umsatz der beteiligten Unternehmen von mehr als EUR 2,5 Mrd. und (1) Gesamtumsatz aller beteiligten Unternehmen in mind. drei Mitgliedstaaten von jeweils mehr als EUR 100 Mio., (2) in jedem von mindestens drei von Nr. (1) erfassten Mitgliedstaaten der Gesamtumsatz von mindestens zwei beteiligten Unternehmen jeweils mehr als EUR 25 Mio. beträgt sowie (3) gemeinschaftsweiter Gesamtumsatz von mindestens zwei beteiligten Unternehmen jeweils mehr als EUR 100 Mio.

Zu beachten ist, dass trotz Überschreitens dieser Umsatzschwellen eine Anmeldepflicht bei der EU-Kommission dann nicht besteht, wenn die beteiligten Unternehmen jeweils mehr als zwei Drittel ihres gemeinschaftsweiten Gesamtumsatzes in ein und demselben Mitgliedstaat erzielen.

Ferner ist zu beachten, dass auch bei Unterschreitung der Umsatzschwellen in bestimmten Fällen auf Antrag eines oder mehrerer Mitgliedstaaten oder auf Antrag der beteiligten Unternehmen eine Verweisung eines Zusammenschlusses an die EU-Kommission möglich ist.

5.1.2.3 Berechnung der Umsätze

Hinsichtlich der Berechnung der Umsätze ist zu beachten, dass nicht nur auf die Umsätze der direkt an der Transaktion beteiligten Unternehmen abgestellt wird. Erwirbt z. B. eine hundertprozentige Tochtergesellschaft eines Konzerns ein anderes Unternehmen, so sind sämtliche Umsätze der obersten Muttergesellschaft des Konzerns sowie die Umsätze sämtlicher von dieser (direkt oder indirekt) kontrollierten Tochtergesellschaften zu berücksichtigen. Bei Private Equity Unternehmen hat dies typischerweise zur Folge, dass die Umsätze sämtlicher kontrollierter Portfoliogesellschaften zu berücksichtigen sind.

Für das zu erwerbende Unternehmen sind entsprechend die Umsätze des Zielunternehmens selbst sowie die Umsätze sämtlicher vom Zielunternehmen kontrollierter Unternehmen zu berücksichtigen. In den meisten Jurisdiktionen nicht berücksichtig werden dagegen die Umsätze des Verkäufers. Für Deutschland gilt jedoch wiederum der Sonderfall, dass, soweit der Verkäufer mindestens 25 % der Anteile am Zielunternehmen behält, auch die Umsätze des Verkäufers für die Prüfung der fusionskontrollrechtlichen Anmeldepflicht zu berücksichtigen sind.

Hinsichtlich der örtlichen Zurechnung der Umsätze ist zu beachten, dass diese – zur Berechnung der lokalen Umsätze in den jeweiligen Jurisdiktionen – anhand des Sitzes des Kunden erfolgt. Verkauft z. B. ein in Frankreich ansässiges Unternehmen Produkte an einen Kunden in Deutschland, sind dies „deutsche" Umsätze.

5.1.3 Prüfungskriterien

Nach § 36 Abs. 1 GWB ist ein Zusammenschluss vom Bundeskartellamt zu untersagen, wenn durch den Zusammenschluss wirksamer Wettbewerb erheblich behindert würde, insbesondere wenn von ihm zu erwarten ist, dass er eine marktbeherrschende Stellung begründet oder verstärkt.[2]

Regelbeispiel ist damit die Begründung oder Verstärkung einer marktbeherrschenden Stellung, wobei vermutet wird, dass ein Unternehmen marktbeherrschend ist, wenn es einen Marktanteil von mindestens 40 % hat (§ 18 Abs. 4 GWB).

Es ist ratsam, sich daher frühzeitig im Transaktionsstadium über den relevanten Markt und die Marktanteile des Käufers und des Zielunternehmens im Klaren zu sein, da diese eine erste Einschätzung der Machbarkeit und Zulässigkeit der geplanten Transaktion ermöglichen. Je höher die gemeinsamen Marktanteile sind, desto mehr muss sich mit weiteren Kriterien wie z. B. Reaktionsmöglichkeiten der Wettbewerber (z. B. Ausbau der jeweiligen Kapazitäten), Markteintrittsmöglichkeiten, potenziellen Wettbewerbern, Verhandlungsmacht der Marktgegenseite etc. auseinandergesetzt werden.

---

[2] Ausnahmen von diesem Grundsatz sind in § 36 Abs. 1 Nr. 1–3 GWB enthalten.

Abb. 5.1   Zeitlicher Ablauf einer Fusionskontrolle beim Bundeskartellamt

5.1.4   Zeitlicher Ablauf

Der zeitliche Ablauf unterscheidet sich wiederum von Jurisdiktion zu Jurisdiktion.

Dem Bundeskartellamt steht, nachdem die Anmeldung eingereicht ist, in der sog. Phase-I zunächst ein Monat zur Verfügung, um den anmeldenden Unternehmen mitzuteilen, dass es den Zusammenschluss im Hauptprüfverfahren (sog. Phase-II) prüfen will. Nur im Hauptprüfverfahren darf das Bundeskartellamt den Zusammenschluss untersagen. Dies muss (abgesehen von Möglichkeiten der Fristverlängerung) innerhalb von fünf Monaten nach Eingang der Anmeldung geschehen (siehe Abb. 5.1).

Die meisten Anmeldungen werden innerhalb der einmonatigen Phase-I-Frist vom Bundeskartellamt per kurzer Mitteilung „freigegeben" (im Jahr 2022 hat das Bundeskartellamt rund 800 Anmeldungen geprüft, leitete jedoch nur in acht Fällen eine vertiefte Phase-2-Prüfung ein).[3]

Auch bei der EU-Kommission findet ein zweistufiges Verfahren statt. Die Entscheidung über die Einleitung eines vertieften Prüfverfahrens (Phase-II) ergeht im Regelfall innerhalb einer Frist von höchsten 25 Arbeitstagen. Sofern ein vertieftes Prüfverfahren eingeleitet wird, muss die Entscheidung, ob ein Zusammenschluss mit dem gemeinsamen Markt vereinbar ist oder nicht, in der Regel innerhalb von höchstens 90 Tagen nach Einleitung des Verfahrens erlassen werden (siehe Abb. 5.2).

Zu beachten ist jedoch, dass – anders als in Deutschland – der Einreichung der Anmeldung eine sog. Pre-Notification-Phase vorausgeht. In dieser wird der Anmeldungsentwurf mit dem Case Team der EU-Kommission abgestimmt. Erst wenn das Case Team keine Rückfragen zum Anmeldungsentwurf hat, kann die Anmeldung formal eingereicht werden. Diese Pre-Notification-Phase dauert in der Regel mind. zwei Wochen, kann in komplizierten Fällen jedoch auch deutlich

---

[3] Vgl. den Jahresrückblick des Bundeskartellamt, abzurufen unter https://www.bundeskartel lamt.de/SharedDocs/Meldung/DE/Pressemitteilungen/2022/22_12_2022_Jahresrückblick. html.

Abb. 5.2 Zeitlicher Ablauf einer Fusionskontrolle bei der EU-Kommission

länger, ggf. mehrere Monate, dauern. In der Praxis hat dies zur Folge, dass auch eine Freigabe der Anmeldung innerhalb der Phase-I-Frist zumeist deutlich länger dauert als beim Bundeskartellamt.

5.1.5 Praktische Hinweise

5.1.5.1 Vorbereitung der Anmeldung

Um im Rahmen des Transaktionsprozesses nicht unnötig Zeit zu verlieren, empfiehlt es sich frühzeitig mit den Vorbereitungen zur Anmeldung zu beginnen.

Der erforderliche Inhalt der Anmeldung unterscheidet sich dabei von Jurisdiktion zu Jurisdiktion. Typischerweise enthält die Anmeldung jedoch Informationen zur Transaktionsstruktur, den Geschäftstätigkeiten der beteiligten Unternehmen und deren Umsätze sowie den Auswirkungen der Transaktion auf den Wettbewerb. In Deutschland ist eine Anmeldung beim Bundeskartellamt im Vergleich zu anderen Jurisdiktionen verhältnismäßig formlos möglich.

Im Normalfall wird die Anmeldung von den Beratern des Käufers vorbereitet und anschließend mit dem Verkäufer abgestimmt. Soweit für die Transaktion vorbereitende Dokumente erstellt wurden, z. B. ein Information Memorandum betreffend das Zielunternehmen oder wenn frühere Anmeldungen vorhanden sind, sollte auf diese zum Entwurf der Anmeldung zurückgegriffen werden. Bei der Abstimmung zwischen den Parteien ist darauf zu achten, dass keine vertraulichen Informationen – insbesondere zwischen dem Käufer und dem Verkäufer – ausgetauscht werden und vertrauliche Informationen gegebenenfalls geschwärzt werden.

Sollten Anmeldungen in verschiedenen Jurisdiktionen erforderlich sein, werden diese von dem jeweiligen Local Counsel erstellt. Der Lead Counsel muss sich in diesen Fällen, neben der Vorbereitung der Anmeldung in „seiner" Jurisdiktion, um die Koordination der verschiedenen Anmeldungsentwurfe kümmern. Ist der Anmeldungsentwurf mit allen Beteiligten abgestimmt, kann er bei der entsprechenden Wettbewerbsbehörde eingereicht werden. Meist erfolgt dies kurz nach Signing, ist jedoch häufig auch bereits vor Signing möglich.

5.1.6   Kein Vollzug vor Freigabe

Ist ein Zusammenschluss anmeldepflichtig, darf die Transaktion nicht vor „Freigabe" durch die Wettbewerbsbehörde(n) vollzogen werden (sog. Gun Jumping). Gun Jumping kann erhebliche Bußgelder nach sich ziehen.

Dagegen sind reine, den Vollzug der Transaktion vorbereitende Maßnahmen erlaubt. Die konkrete Abgrenzung zwischen zulässigen vorbereitenden Maßnahmen und unzulässigem (Teil-)Vollzug kann schwierig sein und führt in der Praxis immer wieder zu Problemen.

Der Käufer hat in der Zeit nach Signing aufgrund seines Investitionsrisikos ein besonderes Absicherungsinteresse. Vor diesem Hintergrund enthält der Kaufvertrag häufig Zustimmungsvorbehalte hinsichtlich bestimmter Geschäftstätigkeiten des Zielunternehmens bis zum Vollzug. Bei solchen Regelungen ist jedoch besondere Vorsicht geboten. Sofern es sich bei solchen Regelungen nicht um den Vollzug vorbereitende Maßnahmen, sondern bereits um einen (Teil-)Vollzug handelt, kann dies zu erheblichen Bußgeldern führen.

Als unzulässig angesehen wurden zuletzt unter anderem Zustimmungsvorbehalte zugunsten des Käufers betreffend

- die Bestellung und Abberufung von Führungskräften der Zielgesellschaft;
- die Gestaltung der Preispolitik und der allgemeinen Geschäftsbedingungen der Zielgesellschaft;
- den Abschluss, die Kündigung oder die Modifizierung bestimmter Verträge der Zielgesellschaft, sofern diese bestimmte (niedrige) Wertschwellen überschreiten.

Ebenso vorsichtig empfiehlt es sich hinsichtlich eines nach Signing weiterführenden Informationsaustausches zu sein. Zwar ist ein Informationsaustausch vor Signing zur notwendigen Beurteilung und Bewertung des Zielunternehmens in den kartellrechtlich vorgegebenen Grenzen erforderlich, nach Signing kann in einem weitergehenden Informationsaustausch jedoch wiederum ein (Teil-)Vollzug gesehen werden. Dies gilt es in der Praxis zu beachten, wenn bei den beteiligten

Unternehmen nach Signing das Gefühl eintritt, dass die Transaktion eigentlich schon abgeschlossen ist.

5.1.7 Exkurs: Due Diligence im Transaktionsprozess und Kartellrecht

Während des Transaktionsprozesses prüft der potenzielle Käufer im Rahmen der Due Diligence die Rechtsbeziehungen des Zielunternehmens, um mögliche rechtliche Risiken entdecken und bewerten zu können. Die üblichen Bereiche der Due Diligence sind: Operational bzw. Commercial, Legal, Tax, Financial und ggf. Environmental. Zudem spielen kartellrechtliche Risiken eine immer wichtiger werdende Rolle, da Zuwiderhandlungen des Zielunternehmens gegen die kartellrechtlichen Vorgaben für den Käufer nicht „nur" bußgeldliche Risiken, sondern auch schadensersatzrechtliche Risiken mit sich bringen können.

5.1.7.1 Kartellrechtliche Vorgaben

Wichtig ist, sich in diesem Zusammenhang zu verinnerlichen, dass die an der Transaktion beteiligten Unternehmen bis zum Vollzug des Zusammenschlusses weiterhin rechtlich selbstständige und unabhängige Unternehmen sind. Ein Austausch wettbewerbssensibler Informationen zwischen den Unternehmen ist daher nur im Rahmen der strengen kartellrechtlichen Grenzen zulässig.

5.1.7.1.1 Wettbewerbssensible Informationen

Wettbewerbssensible Informationen sind Informationen, die einen Rückschluss auf das Wettbewerbsverhalten ermöglichen. Hierzu zählen insbesondere Preise, Kosten, Kundenlisten, Umsätze, Margen, Investitionen, Produktionskosten, Absatzmengen, Kapazitäten, Marketingpläne, Investitionen, Vertragslaufzeiten, strategische Planungen.

Je wettbewerbssensibler die Informationen sind, desto kritischer ist ein Austausch der Informationen. Neben dem konkreten Inhalt der Informationen hängt dies vom Aggregationsgrad der Informationen, dem Alter der Informationen sowie den besonderen Gegebenheiten des Marktes ab. Sind die Informationen bereits mehrere Jahre alt, wird die Möglichkeit eines Rückschlusses auf das Wettbewerbsverhalten immer geringer. Ab wann Informationen keine Rückschlüsse auf das konkrete Wettbewerbsverhalten mehr zulassen, kann von Branche zu Branche unterschiedlich bewertet werden, z. B. abhängig davon, ob Preise aufgrund von Jahresverträgen länger aktuell sind oder sich in schnelllebigen Branchen in kürzeren Zeitabständen ändern.

Naturgemäß besteht gerade bei Unternehmenstransaktionen ein Interesse des Käufers an möglichst aktuellen Informationen, um eine Bewertung des Zielunternehmens vornehmen zu können. Die Gefahr eines wettbewerbsrelevanten Informationsaustausches ist daher im Rahmen von Transaktionen besonders hoch.

5.1.7.1.2 Clean Team Agreement
Ist der Austausch wettbewerbssensibler Informationen zwingend erforderlich, kann zunächst versucht werden, die relevanten Informationen zu schwärzen. Dies führt für die beteiligten Unternehmen jedoch nicht immer zu zufriedenstellenden Ergebnissen.

In der Praxis wird daher häufig mit sog. Clean Teams gearbeitet. Dabei wird der Zugang für Mitarbeiter des Käufers zu den wettbewerbssensiblen Informationen des Zielunternehmens in personeller Hinsicht auf Mitglieder des Clean Teams beschränkt. Mitglieder des Clean Teams dürfen nicht im operativen Geschäft des Käufers tätig sein. Sollte dies nicht möglich sein, z. B. aufgrund der (fehlenden) Größe des Käufers, können auch externe Berater als Clean Team Mitglieder bestimmt werden.

Die Clean Team Vereinbarung sollte klare Regelungen zum Umfang mit den wettbewerbssensiblen Informationen enthalten und klar regeln, mit wem die Informationen ausgetauscht werden dürfen und wie mit den Informationen innerhalb des Unternehmens umgegangen werden muss.

In zusammenfassenden Berichten der Clean Team Mitglieder müssen die wettbewerbssensiblen Informationen hinreichend geschwärzt oder z. B. aggregiert werden. Es empfiehlt sich, Vertreter oder (kartellrechtliche) Berater der Verkäufer die Berichte überprüfen zu lassen, bevor das Management bzw. die Entscheidungsträger des Käufers Zugang zu den Informationen erhalten.

5.1.7.2 Typische kartellrechtliche Themen im Rahmen der Due Diligence
Auch wenn im Rahmen der Due Diligence zumeist M&A-Anwälte zu Einsatz kommen, sollten in diesem Stadium der Transaktion Kartellrechtsspezialisten hinzugezogen werden, um mögliche kartellrechtsrelevante Themen aufzudecken.

Die kartellrechtliche Due Diligence deckt insbesondere mögliche vertikale Risiken auf, z. B. kartellrechtsrelevante Regelungen zwischen dem Hersteller und seinen Händlern, da Liefer- und Vertriebsverträge häufig gut dokumentiert sind. Es empfiehlt sich, diese Verträge von einem Kartellrechtsexperten prüfen zu lassen. Weitere kartellrechtsrelevante Themen sind in diesem Zusammenhang die Preisbindungen der zweiten Hand, d. h. die Festsetzung der Weiterverkaufspreise der Händler durch den Hersteller.

Mögliche horizontale Kartellrechtsthemen sind zumeist schwieriger aufzude-cken, da diese in der Regel nicht vertraglich dokumentiert sind. Bei Anhaltspunk-ten und in besonders kartellrechtssensiblen Branchen sollten Interviews mit dem Management oder ausgewählten Vertrieblern geführt werden, um ein Gespür für ein mögliches kartellrechtsrelevantes Verhalten zu bekommen.

5.1.7.3 Mögliche kartellrechtliche Risiken

Relevant ist die Durchführung einer kartellrechtlichen Due Diligence insbeson-dere aus drei Gründen.

1. Kartellrechtswidrige Absprachen, z. B. in Liefer- und Vertriebsverträgen, können zur Unwirksamkeit der entsprechenden Verträge führen.
2. Für den Käufer besteht das Risiko möglicher Bußgelder durch die Wett-bewerbsbehörden aufgrund eines Kartellrechtsverstoßes des zu erwerbenden Unternehmens.
3. Für den Käufer besteht zudem das Risiko, dass private Schadensersatzan-sprüche aufgrund des Kartellrechtsverstoßes der zu erwerbenden Gesellschaft gegen ihn geltend gemacht werden.

5.2   FDI-Kontrolle

Neben der kartellrechtlichen Fusionskontrolle ist bei Zusammenschlüssen von Unternehmen an die deutschen Vorgaben zur außenwirtschaftsrechtlichen Inves-titionsprüfung betreffend die Überprüfung von ausländischen Direktinvestitionen, sog. „foreign direct investments" (FDI) zu denken. Nachdem die Vorgaben in den letzten Jahren verschärft wurden, sollte bei jeder Transaktion zumindest ein kur-zer Check der FDI-Kontrolle durchgeführt werden. Liegt eine Meldepflicht vor, greift ähnlich wie im Rahmen der Fusionskontrolle ein Vollzugsverbot.

Die rechtliche Grundlage des FDI-Regimes findet sich im Außenwirtschafts-gesetz (AWG) und in der Außenwirtschaftsverordnung (AWV). Zuständig für die Prüfung ist das Bundesministerium für Wirtschaft und Klimaschutz (BMWK).

Anwendung findet das deutsche FDI-Regime, wenn ein ausländisches Unter-nehmen (unmittelbar oder mittelbar) Kontrolle über mindestens 10 %, 20 % oder 25 % – abhängig davon, in welchen Bereichen das deutsche Unternehmen tätig ist – erwirbt.

Das deutsche FDI-Regime unterscheidet dabei zwischen dem (i) sektorspezifischen Investitionsprüfverfahren und dem (ii) sektorübergreifenden Investitionsprüfverfahren.

5.2.1 Sektorspezifische Investitionsprüfverfahren

Das sektorspezifische Investitionsprüfverfahren (geregelt in den §§ 60–62 AWV) betrifft den (unmittelbaren oder mittelbaren) Erwerb eines deutschen Zielunternehmens, das in besonders sicherheitsrelevanten Bereichen im Bereich Rüstung und Wehrtechnik tätig ist, durch ein ausländisches Unternehmen.

In diesen Fällen ist bereits der Erwerb von mindestens 10 % der Stimmrechte ausreichend, um eine Meldepflicht auszulösen. Hält der Erwerber bereits mindestens 10 % der Stimmrechte, so ist auch der Erwerb von weiteren Stimmrechtsanteilen meldepflichtig, wenn dieser dazu führt, dass der Erwerber insgesamt mindestens 20, 25, 40, 50 oder 75 % der Stimmrechte (vgl. §§ 60a Abs. 2 i. V. m. 56 Abs. 2 AWV) erhält.

Materiellrechtlicher Prüfungsmaßstab ist die voraussichtliche Gefährdung wesentlicher Sicherheitsinteressen der Bundesrepublik Deutschland (vgl. § 60 Abs. 1 AWV), d. h. z. B. die Gefährdung der militärischen Sicherheitsvorsorge oder der sicherheitspolitischen Interessen. Berücksichtig wird, ob der Erwerber unter staatlicher Kontrolle steht oder ob ein erhebliches Risiko besteht, dass der Erwerber an Aktivitäten beteiligt war oder ist, die in Deutschland den Tatbestand bestimmter Ordnungswidrigkeiten oder Straftaten erfüllen würden.[4]

5.2.2 Sektorübergreifende Investitionsprüfverfahren

Das sektorübergreifende Investitionsprüfverfahren (geregelt in den §§ 55 AWV ff.) geht einerseits weiter als das sektorspezifische Investitionsprüfverfahren, indem es den Erwerb sämtlicher deutscher Unternehmen erfasst, die nicht bereits in den Bereich der sektorspezifischen Investitionsprüfung fallen. Andererseits ist die sektorübergreifende Investitionsprüfung enger, da nur Erwerbsvorgänge durch Unternehmen mit Sitz außerhalb der EU/EFTA erfasst sind.

---

[4] Vgl. https://www.bmwk.de/Redaktion/DE/Artikel/Aussenwirtschaft/investitionspruefung. html.

Ist das deutsche Zielunternehmen in „kritischen Infrastrukturen" tätig (siehe § 55a Abs. 1 Nr. 1–7 AWV), greift bereits ab dem Erwerb von mindestens 10 % der Stimmrechte durch ein nicht-EU/EFTA Unternehmen eine Meldepflicht. Ist das deutsche Zielunternehmen in „kritischen Technologien" tätig (siehe § 55a Abs. 1 Nr. 8–27 AWV), greift ab dem Erwerb von mindestens 20 % der Stimmrechte durch ein nicht-EU/EFTA Unternehmen eine Meldepflicht. Sofern der Erwerber bereits Stimmrechte über den genannten Schwellenwerten hält, kann erneut auch der Erwerb weiterer Stimmrechte meldepflichtig sein, wenn dieser dazu führt, dass der Erwerber insgesamt mindestens 20, 25, 40, 50 oder 75 % der Stimmrechte (vgl. 56 Abs. 2 AWV) erhält.

Ist das Unternehmen in keinem dieser Bereiche tätig, besteht grundsätzlich keine Meldepflicht. Allerdings besteht in diesen Fällen ein Prüfrecht des BMWK.

Materiellrechtlicher Prüfmaßstab ist die voraussichtliche Beeinträchtigung der öffentlichen Ordnung oder Sicherheit insbesondere der Bundesrepublik Deutschland oder eines anderen Mitgliedstaates der Europäischen Union (§ 55 Absatz 1 AWV). Berücksichtig wird erneut, ob der Erwerber unter staatlicher Kontrolle steht oder ob ein erhebliches Risiko besteht, dass der Erwerber an Aktivitäten beteiligt war oder ist, die in Deutschland den Tatbestand bestimmter Ordnungswidrigkeiten oder Straftaten erfüllen würden.[5]

5.2.3 Ablauf des Verfahrens

Für einen anmeldepflichtigen Zusammenschluss gilt, wie bei der Fusionskontrolle, das Vollzugsverbot, d. h. der Zusammenschluss darf erst nach erfolgter Freigabe durch das BMWK vollzogen werden (§ 15 Abs. 3 AWG). Für das BMWK gilt dabei in der Phase 1 zunächst eine Frist von zwei Monaten, innerhalb derer es entscheiden muss, ob es den Zusammenschluss freigibt oder eine vertiefte Phase-2-Prüfung einleitet. Grundsätzlich gilt im Rahmen der Phase 2 eine Frist von vier Monaten, diese kann jedoch durch das BMWK um bis zu weitere vier Monate verlängert und durch Auskunftsverlangen oder Verhandlungen gehemmt werden (vgl. § 14a AWG).

Sofern keine Meldepflicht bzgl. des Zusammenschlusses besteht, kann der Erwerber eine rechtlich verbindliche Unbedenklichkeitsbescheinigung beim BMWK beantragen. Andernfalls besteht die Gefahr, dass das BMWK bis zu

---

[5] Vgl. https://www.bmwk.de/Redaktion/DE/Artikel/Aussenwirtschaft/investitionspruefung.html.

fünf Jahre ab Abschluss des schuldrechtlichen Vertrags von Amts wegen ein förmliches Prüfverfahren einleitet.

5.3 Prüfung von Zusammenschlüssen aufgrund der Foreign Subsidies Regulation

Neben der Fusionskontrolle und der FDI-Kontrolle ist bei Unternehmenstransaktionen an die Verordnung über drittstaatliche Subventionen (foreign subsidies regulation (FSR)) zu denken, die am 12. Januar 2023 in Kraft trat. Hintergrund dieser Verordnung ist, dass die Europäische Union zwar über ein System der Beihilfenkontrolle verfügt, das verhindert, dass Mitgliedstaaten Unternehmen Beihilfen gewähren und dadurch den Wettbewerb auf dem Binnenmarkt verzerren. Drittstaatliche Subventionen, d. h. Subventionen von Nicht-EU-Mitgliedstaaten unterlagen bisher jedoch nicht den unionsrechtlichen Vorschriften für staatliche Beihilfen.[6] Ziel der FSR ist die Kontrolle ausländischer Investitionen in der Europäischen Union zu ermöglichen.

Erreicht werden soll dieses Ziel, indem Unternehmenszusammenschlüsse bei der EU-Kommission anmeldepflichtig sind (vgl. Art. 20 Abs. 3 FSR), wenn

- mindestens eines der fusionierenden Unternehmen (bei einer Fusion), das Zielunternehmen (bei einer Übernahme) oder das Gemeinschaftsunternehmen in der Europäischen Union ansässig ist und in der Europäischen Union einen Gesamtumsatz von mindestens EUR 500 Mio. erzielt **und**
- die am Zusammenschluss beteiligten Unternehmen – d. h. (i) bei einer Übernahme der Erwerber und das erworbene Unternehmen, (ii) bei einer Fusion die fusionierenden Unternehmen oder (iii) bei einem Gemeinschaftsunternehmen das Gemeinschaftsunternehmen und die Gründer des Gemeinschaftsunternehmens – in den letzten drei Jahren vor Abschluss der Transaktion von Drittstaaten finanzielle Zuwendungen von insgesamt mehr als EUR 50 Mio. erhalten haben.

Während die Umsatzberechnung bereits aus der Fusionskontrolle bekannt ist und keine größeren Schwierigkeiten bereiten dürfte, kann die Berechnung der finanziellen Zuwendung schwierig und für die beteiligten Unternehmen mit erheblichem Mehraufwand verbunden sein. Grundsätzlich ist der Begriff der finanziellen Zuwendungen sehr weit gefasst. Neben Subventionen in Form von direkten

---

[6] FSR, Erwägungsgrund 2.

Zuwendungen werden z. B. auch Steuererleichterungen, die von Drittstaaten an Unternehmen gewährt werden, berücksichtigt.

Ist ein Zusammenschluss anmeldepflichtig, so ist das Prüfverfahren wiederum – ähnlich wie bei der Fusionskontrolle – zweistufig aufgebaut. Zunächst hat die EU-Kommission eine Frist von 25 Arbeitstagen (Art. 25 Abs. 2 FSR), innerhalb derer sie eine eingehende Prüfung einleiten kann. Leitet die EU-Kommission eine eingehende Prüfung ein, so beträgt die Frist in der Phase II 90 Arbeitstage. Fristverlängerungen sind jedoch möglich (Art. 25 Abs. 4 FSR).

Materiell-rechtlicher Prüfungsmaßstab ist, ob die finanziellen Zuwendungen zu einer Verzerrung auf dem Binnenmarkt führen. Nach Art. 4 FSR liegt eine Verzerrung auf dem Binnenmarkt vor, „wenn eine drittstaatliche Subvention geeignet ist, die Wettbewerbsposition eines Unternehmens auf dem Binnenmarkt zu verbessern, und die drittstaatliche Subvention dadurch den Wettbewerb auf dem Binnenmarkt tatsächlich oder potenziell beeinträchtigt."

Zu den Indikatoren, die die EU-Kommission bei der Prüfung, ob eine Verzerrung auf dem Binnenmarkt erfolgt, prüfen kann, zählen insbesondere (i) die Höhe der drittstaatlichen Subvention, (ii) die Art der drittstaatlichen Subvention, (iii) die Situation des Unternehmens, einschließlich seiner Größe, und der betreffenden Märkte oder Sektoren, (iv) der Umfang und die Entwicklung der Wirtschaftstätigkeit des Unternehmens auf dem Binnenmarkt und (v) der Zweck der drittstaatlichen Subvention, die mit ihr verbundenen Voraussetzungen sowie ihre Verwendung auf dem Binnenmarkt (vgl. Art. 4 Abs. 1 FSR).

Zu beachten ist, dass anmeldepflichtige Transaktionen erneut dem Vollzugsverbot unterliegen (Art. 24 Abs. 1 FSR) und Verstöße gegen das Vollzugsverbot mit einer Geldbuße in Höhe von bis zu 10 % des im vorangegangenen Geschäftsjahr erzielten Gesamtumsatzes geahndet werden können (Art. 26 Abs. 3 FSR).

Kartellrechtliche Schadensersatzansprüche

6

Wer gegen das deutsche oder europäische Kartellverbot oder Marktmachtmissbrauchsverbot verstößt, kann unter anderem auf Schadensersatz in Anspruch genommen werden. Die Bedeutung kartellrechtlicher Schadensersatzklagen hat dabei in den letzten Jahren stark zugenommen, nicht zuletzt aufgrund gesetzgeberischer Maßnahmen mit dem Ziel, die Durchsetzung privater Ansprüche zu erleichtern.

Die Einzelheiten der Durchsetzung der kartellrechtlichen Schadensersatzansprüche richtet sich, auch wenn gegen europäisches Kartellrecht verstoßen wurde, nach dem jeweiligen Recht des EU-Mitgliedstaats. In Deutschland ist der kartellrechtliche Schadensersatzanspruch in § 33a GWB normiert.

6.1 Aktivlegitimation

Nach der Rechtsprechung des EuGH kann *„jedermann"* Ersatz des ihm durch ein wettbewerbsbeschränkendes Verhalten entstandenen Schadens geltend machen, wenn zwischen dem Schaden und dem Kartellrechtsverstoß ein ursächlicher Zusammenhang besteht.[1] Verstoßen z. B. zwei Hersteller von bestimmten Produkten gegen das Kartellverbot, indem sie ihre Preise gegenseitig abstimmen, können somit nicht nur die direkten Abnehmer der Produkte Schadensersatzansprüche geltend machen, sondern u. a. auch die Endverbraucher, die letztlich die Produkte erwerben, sei dies auch indirekt von zwischengeschalteten Händlern.

---

[1] EuGH, Urt. v. 20.9.2001, Rs. C-453/99, Rn. 26 – *Courage;* EuGH, Urt. v. 13.07.2006, Rs. C-295/04 bis C-298/04, Rn. 17 – *Manfredi.*

I. Schuler, *Kartellrecht*, essentials, https://doi.org/10.1007/978-3-658-44746-5_6

6.2   Passivlegitimation

Die Passivlegitimation betrifft die Frage des richtigen Anspruchsgegners. In Betracht kommen diesbezüglich zunächst die an dem Kartellrechtsverstoß beteiligten Unternehmen, die dem Geschädigten gegenüber als Gesamtschuldner haften. Dies bedeutet, dass ein Geschädigter nicht zwingend das Unternehmen in Anspruch nehmen muss, von dem er Produkte gekauft hat. Dem Geschädigten steht es frei, stattdessen ein anderes (möglicherweise finanzkräftigeres) am Kartellverstoß beteiligtes Unternehmen in Anspruch zu nehmen.[2]

Neben den direkt am Kartellverstoß beteiligten Unternehmen besteht nach der Rechtsprechung des EuGH – zumindest bei Verstößen gegen das europäische Kartellrecht – zudem die Möglichkeit, Unternehmen des Konzernverbunds des am Kartellverstoß beteiligten Unternehmens in Anspruch zu nehmen, insbesondere die Muttergesellschaft.[3]

6.3   Kartellrechtsverstoß

Beruht der Schadensersatzanspruch auf einem angeblichen Verstoß gegen das Kartellrecht, ist dieser Verstoß darzulegen. Einen Kartellrechtsverstoß konkret nachzuweisen ist für einen Geschädigten in der Praxis jedoch äußerst schwierig.

Aufgrund dieser Schwierigkeiten werden kartellrechtliche Schadensersatzansprüche zumeist in Form von sog. „Follow-On-Klagen" geltend gemacht. Von Follow-On-Klagen spricht man, wenn der Schadensersatzklage eine Entscheidung einer Kartellbehörde, die den Kartellverstoß feststellt, vorausgeht. Für den Kläger hat dies den entscheidenden Vorteil, dass bei bestandskräftigen Entscheidungen der Kartellbehörde, ein Gericht an die Feststellung des Verstoßes „gebunden" ist (sog. Bindungswirkung) (vgl. § 33b GWB). Der Geschädigte muss in diesen Fällen somit den Kartellrechtsverstoß nicht mehr nachweisen.

In der Praxis handelt es sich aufgrund dieser Bindungswirkung bei den meisten Schadensersatzklagen um Follow-On-Klagen (im Gegensatz zu Stand-Alone-Klagen, die ohne vorherige Entscheidung einer Wettbewerbsbehörde durchgeführt werden).

---

[2] Nach § 33e Abs. 1 GWB ist der Kronzeuge jedoch insoweit privilegiert, dass er nur gegenüber seinen unmittelbaren und mittelbaren Abnehmern haftet.

[3] EuGH, Urt. v. 14.3.2019, Rs. C-724/17, Rn. 31 ff. – *Skanska*. Ausführlich zu den Problemen der Passivlegitimation *Kruis* in Stancke/Weidenbach/Lahme – Kartellrechtliche Schadensersatzklagen, 2. Auflage, Kap. H, Rn. 136 ff.

Zu beachten ist allerdings, dass sich die Bindungswirkung nur auf die Feststellung eines Kartellverstoßes bezieht. Nicht erfasst von der Bindungswirkung ist die Frage der Höhe des Schadens, zur der sich die Wettbewerbsbehörden ohnehin nicht äußern.

6.4 Schaden

In der Praxis zumeist äußert schwierig für den geschädigten Kläger ist der Nachweis eines kausal auf dem Kartellverstoß beruhenden Schadens und insbesondere dessen Höhe. Da Kartellschäden nur äußerst schwer zu quantifizieren sind, ist der Schadensnachweis schwierig und aufgrund der meist von beiden Seiten vorgebrachten Sachverständigengutachten teuer.

Zu Kartellen enthält mittlerweile § 33a Abs. 2 GWB die (widerlegbare) gesetzliche Vermutung, dass ein Kartell einen Schaden verursacht hat, eine Vermutung hinsichtlich der Höhe des Schadens – z. B. in Form einer Mindestschadensvermutung – ist jedoch nicht enthalten.

Zur Berechnung des Schadens werden daher in der Regel Vergleichsmarktmethoden angewendet, mit denen die tatsächliche Vermögenslage des Geschädigten mit der kontrafaktischen Vermögenslage des Geschädigten ohne den Kartellrechtsverstoß verglichen wird.[4]

6.5 Verjährung

Die Verjährung kartellrechtlicher Schadensersatzansprüche ist in § 33h GWB geregelt. Danach verjähren die Ansprüche grundsätzlich in fünf Jahren, wobei die Verjährung mit dem Schluss des Jahres beginnt, in dem (i) der Anspruch entstanden ist, (ii) der Anspruchsberechtigte Kenntnis erlangt hat von der Identität des Rechtsverletzers sowie den anspruchsbegründenden Umständen, und davon, dass sich daraus ein Kartellrechtsverstoß ergibt, und (iii) der Verstoß beendet worden ist (§ 33h Abs. 1 und Abs. 2). In der Praxis muss man dabei spätestens zum Zeitpunkt der Entscheidung der Wettbewerbsbehörde von Kenntnis ausgehen.

Ohne Rücksicht auf die Kenntnis vom Verstoß verjährt der Anspruch in 10 Jahren von dem Zeitpunkt an, in dem er Anspruch entstanden ist und der

---

[4] Vgl. ausführlich zur Höhe des Schadens *Hauser/Haas* in: Stancke/Weidenbach/Lahme – Kartellrechtliche Schadensersatzklagen, 2. Auflage., Kap. I, Rn. 120 ff.

Verstoß beendet wurde bzw. in 30 Jahren nach dem der Verstoß, der den Schaden ausgelöst hat.[5]

---

[5] Vgl. ausführlich zur Verjährung des Schadens *Schuler/Stübinger* in: Stancke/Weidenbach/ Lahme – Kartellrechtliche Schadensersatzklagen, 2. Auflage., Kap. K, Rn. 1 ff.

Was Sie aus diesem *essential* mitnehmen können

- Der kartellrechtliche Schutz ruht auf den drei Säulen des Kartellverbots, der Missbrauchsaufsicht über marktbeherrschende und marktstarke Unternehmen und der Kontrolle von Unternehmenszusammenschlüssen.
- Das Kartellverbot – d. h. das Verbot wettbewerbsbeschränkender Vereinbarungen (wie z. B. Preisabsprachen) zwischen Unternehmen – gilt grundsätzlich für alle Unternehmen, unabhängig von ihrer Größe.
- Das Kartellverbot umfasst sowohl horizontale Absprachen zwischen Unternehmen, die auf dem gleichen Markt und der gleichen Wertschöpfungsstufe tätig sind, als auch vertikale Absprachen zwischen Unternehmen, die auf verschiedenen Marktstufen tätig sind.
- Die Missbrauchsaufsicht stellt sicher, dass marktbeherrschende Unternehmen ihre Marktmacht nicht missbräuchlich ausnutzen, indem sie z. B. andere Unternehmen diskriminieren, behindern oder ausbeuten.
- In Deutschland müssen sich auch Unternehmen, die zwar keine marktbeherrschende Stellung innehaben, denen jedoch eine überragende marktübergreifende Bedeutung zukommt oder die über eine relative oder überlegene Marktmacht verfügen, bestimmten Verhaltensvorschriften unterwerfen.
- Die Prüfung möglicher fusionskontrollrechtlicher Anmeldepflichten sollte frühzeitig erfolgen, um erforderliche Anmeldungen bei der zeitlichen Planung der Transaktion berücksichtigen zu können.
- Kartellrechtsverstöße können nicht nur zu erheblichen Bußgeldern seitens der Wettbewerbsbehörden führen, sondern auch empfindliche Schadensersatzansprüche zur Folge haben.

I. Schuler, *Kartellrecht*, essentials, https://doi.org/10.1007/978-3-658-44746-5

Printed in the United States
by Baker & Taylor Publisher Services